米中開戦前夜

習近平帝国への絶縁状

US-China : On the Eve of War

A 'Dear John' Letter to the Xi Jinping Empire

クライド・プレストウィッツ
Clyde Prestowitz
古森義久
Yoshihisa Komori

ビジネス社

はじめに

中華人民共和国が世界を揺るがせている。アメリカにとっても日本にとっても中期、長期の展望を考えると、いまウクライナ侵略で国際秩序を崩そうとするロシアよりも中国の脅威はもっと巨大な荒波をぶつけてくるようにみえる。

アメリカや日本が中核となる長く安定してきた戦後の国際社会にとって、中国の潜在、顕在両方でのチャレンジは、ロシアよりずっと強大な国力を有するだけに、衝撃はまた格段と大きいといえるようだ。

私は報道の拠点をアメリカの首都ワシントンにおいて、この中国の動きがアメリカに与える影響と、アメリカ側の反応とを長年、考察してきた。トランプ前政権からバイデン現政権にかけてのここ数年、アメリカは超党派かつ官民一体の形で中国の膨張的な動きに注意し、批判し、非難して、ついに具体的な対抗措置をとってまで対決するという段階にいたった。

現在でもすでにアメリカは中国を敵視し、激突したといえる。中国も同様に激しく反発し、アメリカを糾弾する。そのアメリカの同盟国である日本に対しても尖閣諸島への軍事攻勢のような敵対的な行動をとる。

中国のそうした日米側の既成の国際秩序への敵対的なチャレンジは、二〇二二年十月、中国共産党の全国大会で習近平国家主席が異例の任期延長を果たしたことでさらにどぎつくなることが確実視される。

かねてから中国の独自の価値観や理念で軍事力を基礎にして世界統治へと進もうとする習近平主席の国内での独裁体制や対外的な強硬姿勢がさらに顕著となるからである。

アメリカ側ではそんな中国の動きの野望に備えて、軍事面でも経済面でも戦いの構えをも固め始めた。すでに米中開戦前夜と呼べるような空気がアメリカ側の国政の場でも感じられるのだ。

とくに台湾に対する中国の軍事的な威嚇や実際の攻撃力の強化はアメリカ側にも台湾有事としての軍事的な緊張の対応を生んでいる。台湾をめぐる米中両国の戦争は現実的なシナリオとみなされるにいたってきたのだ。

アメリカ側では中国に対して軍事での戦争に限らず、経済や政治、外交などで断固として中国の動きを抑えようという闘争の構えが強くなった。

そしてアメリカ側のその決意の背後にはこれまでことに経済面で関与や交流を重ねてき

た中国との絆を絶っても構わない、という主張までが広がってきた。

アメリカ議会の動向をみても、実際に中国との経済や政治の交流を最小限にする対中切り離し論が輪を広げ、提出される法案の内容にまで反映されてきた。独裁がますます強化された習近平氏支配下の帝国のような中国の新政治体制に対する絶縁状の叩きつけとも評される動きもみられるのだ。

アメリカでは周知のように二〇二二年十一月に連邦議会の大部分を改選する中間選挙が実施された。その結果、与党の民主党と野党の共和党が激しくぶつかり、予想以上の熱戦を展開した。バイデン政権への不満や要望も新たに表明された。

だがアメリカ全体としての中国に対する姿勢はこの中間選挙戦では主要な争点とはならなかった。民主党も共和党も中国に対してはこんご対決を覚悟の強固な政策で接していかねばならないという意見の一致があったからだ。この一致は「ワシントン対中コンセンサス」とも呼ばれる。

本書は米中関係のこうした現状への認識から出発して、アメリカがなぜ中国を危険視するのか、他方、中国はなぜアメリカを敵視するのか、という諸点をまず調査し、報告した総括である。同時に中国は日本をどうみるのか、も主題の一部として位置づけた。日本にとっての中国問題とはなんなのか、を日米両方の視点から考察することも試みた。

本書はアメリカ側で米中関係や中国の動向をまず経済安全保障の観点から長年、追ってきた著名なエコノミストのクライド・プレストウィッツ氏と私との対論という形式をとった。双方の報告や主張の交換だが、対談と呼ぶにはそれぞれの発表が長く深いため、共同討論という意味での対論という表現が適切に思えるからである。

そして総括としてはプレストウィッツ氏と私がそれぞれアメリカと日本が中国の脅威に対してこんごなにをすべきかを提言することにも努めた。

なお最後に日米対論という新スタイルの本書の完成のために多大な協力をしてくださったビジネス社の編集者の中澤直樹氏に対してプレストウィッツ氏ともどもの感謝の意を表したい。

古森義久

二〇二二年十二月

米中開戦前夜　目次

第二章 世界的に危険性が高まる中国

第三章 中国国内の真実・弾圧の実態とは

第四章 中国の脅威に揺らぐ日本

第五章
インド太平洋での覇権獲得工作

第六章 日米両国がモンスターを生んだ

第一章

台湾で米中戦争が起きるか

クライド・プレストウィッツ

実質的な意味がない「一つの中国」原則

現実を受け入れることを拒む中国政府

中国に関する動向で二〇二二年秋というこの時点で最も強い緊張感を生んだのは中国の台湾に対する威嚇的な軍事演習です。台湾を脅す軍事演習自体は珍しくなくても、この八月はじめからの人民解放軍の行動はまず実弾を使っているという。しかも演習の規模自体がこれまででも最大級です。その背景には二〇二二年十月の共産党大会で習近平氏が国家主席に再再任され、台湾併合への燃えるような意欲を改めて示したという動きがあります。

中国のこの軍事行動はアメリカ連邦議会のナンシー・ペロシ下院議長が台湾を訪問したことへの抗議だとされています。中国はペロシ議長の台湾訪問は米中関係の基盤とされる「一つの中国」の原則に違反すると主張するわけです。この原則とはなにか、念のために説明しておきましょう。

アメリカと中国が一九七九年一月に国交を樹立した際、アメリカはそれまでの台湾、つまり中華民国とのフルの外交関係、そして同盟関係を断ち、中華人民共和国との間で新たなフルの外交関係を結んだわけです。

その際に中国側が要求した「一つの中国」とは台湾をも含む中国全体を代表する政府は北京政府だけ、つまり台湾は政府ではない、つまり主権国家ではない、という主張です。

中国側はアメリカもこの主張を米中関係の土台となる原則として受け入れたと述べています。しかしアメリカ側としては中国側がそういう主張をしていることを認識した、という範囲に留まる対応をみせてきました。だがアメリカも台湾を中国全体を代表する政府として、あるいは独立国家として扱うようなことはしません。あくまでアメリカとなお経済や文化、社会などの絆の強い地域として扱い、交流は保つという態度をとってきました。

この「一つの中国」という概念に対する私自身の意見を述べさせてください。

歴史をさかのぼって熟考すると、現時点での「一つの中国」というのは、アメリカや台湾にとっては実質的な意味がないともいえます。本来、この「原則」とされる概念は一九七二年に当時のリチャード・ニクソン大統領と毛沢東主席が会談した際、中国側の指導者たち、つまり毛沢東主席も、中華民国（台湾）の蔣介石総統も、中国は一つであり、台湾はその一部にすぎないという認識を持っていました。

蔣介石も自分たちこそが中国全体の代表であり、やがては本土に戻って共産党政権を倒し、中国を統治するという意思表示を捨てていませんでした。

ニクソン大統領はこの時点でのそうした両方の認識の現実を単に認知した、というだけだったのです。同大統領はアメリカがそのためにあくまで共産党政権しか支持しない、とも述べていません。台湾をあくまで守るとも述べませんでした。

それから半世紀という長い年月が過ぎました。いまでは台湾の住民が自分たちの政府や社会が中国の一部だとはみなさなくなったのです。自分たちは中国人ではなく台湾人だと自己認識するようになったのです。

しかし中国政府はその現実を受け入れることを拒んでいます。アメリカなど自由世界の諸国はその現実を拒むことはできない。良心からも戦略からも、台湾を香港と同じような運命に追いやることはできません。

その結果、アメリカはいまでは自由で民主主義の台湾を最悪の場合には防衛するという誓約がすでに生まれていると解釈すべきだと私は思います。この誓約はアメリカ側の陣営にある日本、韓国、シンガポール、フィリピン、ニュージーランド、オーストラリアという諸国も実質上、支持しているといえます。

このあたりにもそもそも台湾をめぐっては中国とアメリカの間には根本的な溝があるのです。見解の相違、立場の異なり、ともいえるでしょう。だから台湾は年来の米中関係の流れで一貫して紛争や対立の原因となりがち、という状態が続いてきたのです。

ペロシ議長の挑戦的な声明

こんな状況下でペロシ下院議長は他の連邦議会議員五人とともに八月二日にアメリカ政府専用機で台湾を訪れました。翌三日には台湾の蔡英文総統と会談しています。

ペロシ議長は到着後に声明を発表し、今回の台湾訪問の意義について次のように述べました。

《台湾の民主主義を支援するというアメリカの揺るぎないコミットメントを示す》

《台湾とアメリカの結束がかつてないほど重要になっている》

《世界が独裁政治か民主政治かの選択に直面するなか、二千三百万人の台湾市民とアメリカとの連帯がこれまで以上に重要である》

以上は中国に対してはきわめて挑戦的な言葉です。中国という国名を出さなくても、独裁政治か民主政治か、とか、台湾とアメリカの結束とか、明らかに一党独裁の中国共産党政権への批判をこめての声明でした。中国政府が怒るのはある意味で当然ともいえます。

実際に中国政府はペロシ議長が台湾を訪問するかもしれない、という報道が流れてすぐに、強硬な反対の声明を出し始めました。

中国外務省報道官による「ペロシ議長の台湾訪問は米中関係の基礎となる「一つの中国」の原則に反し、米中関係、台湾海峡の安定を崩す危険な行動だ」という趣旨でした。

そしてペロシ議長が実際に台湾を訪れると、中国外務省は以下のような抗議を発表しました。

《ペロシ議長は意図的に中国を挑発し、台湾海峡の平和と安定を破壊した。その結果はきわめて重大で決して見過ごすことはできない。アメリカはみずからの過ちの代償を支払わなければならない》

中国政府は同時に台湾を囲む海域、空域の合計六ヵ所で実弾発射をも含む重要軍事演習を実施すると発表しました。

まあ中国の立場からすれば、ペロシ議長の訪台は腹立たしいのは当然ともいえます。

同議長は訪台直前にワシントン・ポストに寄稿論文を載せ、なぜ台湾訪問なのかという理由を以下のように説明していました。

《中国共産党政権は挑発的な言動によって最近、台湾との緊張を劇的に高めている。台湾がそうした中国共産党による侵略的な行動の加速に直面するこの時機にアメリカ議員代表

団の訪問はアメリカが台湾を支持するという明確な意思表示としてみなされるべきだ》

中国もここまでいわれれば、激しい反撃の態度をみせざるをえないでしょう。そのうえにアメリカの下院議長というのは普通の連邦議会の議員とは異なります。大統領にもし不測の事態が起きたときに、その継承順位としては副大統領に次ぐ第二位なのです。しかもペロシ議員は与党の民主党です。バイデン大統領とのつながりも強いということになります。中国側としてはアメリカの政権までがこのペロシ議長訪台を積極的にプッシュしているのだろうとも受け取れるわけです。

サンフランシスコ市のチャイナタウンが選挙区

ペロシ議長には中国共産党政権に対して厳しい姿勢を示してきた長い歴史があります。ペロシ女史は現在八十二歳、カリフォルニア州第十二選挙区の選出、連邦議会下院議員としての最初の当選はなんと一九八七年ですから、在職三十五年を数えます。アメリカ議会の最初の女性下院議長になったのが二〇〇七年、この時は四年ほどで議長ポストを降り、二〇一九年に再度、議長に選ばれました。

ペロシ氏は周知のように政治的には民主党でも超リベラル派でトランプ政権時代には激しくその保守政権を攻撃しました。トランプ大統領が議会で一般教書演説をした際、その演説が終わるや否や、議長席で手元にあったその演説草稿をびりびりと破ってしまったことでも知られています。

ペロシ議長は人権擁護という立場から中国共産党政権の独裁や弾圧には長年、手厳しい非難を浴びせてきました。その背景には同議長の選挙区がサンフランシスコ市で、同市内の広大なチャイナタウンをも抱えているという要因も大きいとされています。

つまり世界的にも有名なサンフランシスコの中華街には台湾系、香港系、あるいは中国本土からの元民主活動家の住民たちが多いのです。だから中国共産党政権への糾弾の声が強いため、ペロシ議長がそれを代弁してきた、ともいえます。

ですからペロシ議長は台湾でもかねてから人気があり、今回の議長としての初の訪問に台湾側は官民あげて熱い歓迎の意を表しました。

ただしアメリカ議会の下院議長が台湾を訪問するのは初めてではない。ちょうど二十五年前の一九九七年、当時の下院議長だった共和党のニュート・ギングリッチ氏が訪問しているのです。この時も中国政府は抗議をしましたが、今回のような激しさとか、大規模な軍事演習で報復するというような行動はありませんでした。当時の中国は現在にくらべれば、軍事力を含めて国力はずっと弱かった。だから激しい反発はできなかったともいえるでしょう。

それに加えてギングリッチ下院議長は共和党であり、当時の民主党のクリントン政権にとっては野党でした。だから今回のように議会と政府が一体になって台湾との絆を誇示するという印象はなかったわけです。そのうえにギングリッチ議長は当時、中国との関係をも重視すると言明して、同時に中国をも訪問したのです。

しかし現在の習近平国家主席は台湾問題への反応がとくに過敏かつ過激です。歴代首脳のなかでも台湾併合への野望がきわめて強いといえます。台湾海峡に面した福建省の省長を務め、同省内に集結した台湾攻撃用の人民解放軍の幹部たちとも非常に親密な関係を築いたとされる習近平氏です。

習氏の唱える「中国の夢」とか「中華民族の偉大な復興」という野心満々の政治標語も「台湾の祖国への復帰」が実現しなければ、完結しません。とくに習近平氏にとっては年来、二期合計十年とされた国家主席の任期の制限をなくしたので、こんごも長期の権力保持が予測され、その展望のなかでも台湾の併合は不可欠とされるわけです。

また二〇二二年十月には五年ごとの中国共産党全国代表大会が開催され、その場で習近平主席が任期延長となり、それまでの実績が問われることともなりました。同主席にとってはことさら台湾問題での進展が欲しいところです。そんな状況下でアメリカが下院議長の台湾訪問という形で水をかけた、ということになります。

古森義久

八月の中国大演習の無法ぶり

国際規範を完全に無視したミサイル発射

米中関係だけでなく日本を含む東アジア全体の緊張を高めたのはやはり中国軍の大規模な軍事演習でしたね。この演習はペロシ議長が台湾を離れてすぐの八月四日の台湾時間の正午から始まりました。とくに日本にとっては中国軍の発射した弾道ミサイルのうち五発が日本の排他的経済水域（ＥＥＺ）に着弾したことが衝撃的でした。

しかもこの日本のＥＥＺへの発射はまったくの意図的でした。照準をきちんと絞っての発射であることが明白でした。中国軍当局が発射したミサイルのすべてがその標的に命中したと発表しているのです。さらに中国当局は日本政府の抗議に対して、日本側が主張するＥＥＺという線引きを認めず、何の問題もないと一蹴しました。

中国のこうした傲慢な態度は二〇二二年十月の共産党大会で国家主席に習近平氏を再再

任した独裁態勢の強化の象徴だともいえます。こうした傍若無人の対外姿勢、対日姿勢は中国共産党の体質なのです。

他国のEEZに実弾かもしれないミサイルをいきなり撃ち込むというのは国際規範の完全な違反です。一般の国同士のやりとりであれば実際の戦争にさえなりかねない危険で乱暴な軍事行動です。しかし日本政府はこんな事態でも単に「遺憾である」とか「許容できない」という言葉を発するだけです。

中国側はそれに対して、なにが悪いのか、という平然たる態度なのです。日本にとっては今回の中国軍の大規模演習はこの一事をとってみても、理不尽で無謀きわまる行動なわけです。まして主標的となった台湾の立場を考えると、中国の無法ぶりがますます顕著になります。

八月四日から七日までの四日間にわたったこの軍事大演習は台湾を取り囲む形の六ヵ所の海・空域で実施されました。台湾国防部の発表によると、この演習全体では少なくとも中国軍の航空機合計六十六機と艦艇合計十四隻が台湾海峡周辺に出動しました。航空機のうちスホーイ30戦闘機八機と殲11戦闘機四機とが台湾海峡の中間線を越えて台湾側の空域に侵入したとのことでした。

発射されたミサイルは少なくとも計十一発、そのうちの五発が日本のEEZ内に撃ち込まれたわけです。

中国人民解放軍の東シナ海を所管する東部戦区はこの演習について「台湾周辺で陸上に向けた攻撃と空中での長距離打撃能力を試すことに重点を置いた実戦的な演習を実行した」と発表し、戦闘機や爆撃機などが飛行する映像を公開しました。

国営の中国中央テレビに出演した軍直属の国防大学の孟祥青教授は「これまでになかった距離まで台湾に近づいて演習を実施したほか、台湾を包囲するようにして独立の動きを封じ込め外部勢力の介入を阻止する能力を確認した」と語っていました。

孟教授はさらに「この演習によって台湾を早期に統一するための条件を作り出し、中国に有利な戦略的状況を形成した」と述べ、今回の軍事演習には武力による統一を決めた場合の動き方を検証する意図があるのだ、とも強調しました。

中国軍は今回の演習では台湾海峡の中間線は存在しないとして、中間線を越えて演習を続ける姿勢をも示しました。台湾への威嚇と武力侵攻の意図を露骨にするような動きのわけです。このあたりは習近平氏が三期目の国家主席に任じられて、というよりも自分自身を任命して、台湾への武力攻撃という手段は排除しないと宣言したことが基本です。

Dデイ作戦から封鎖作戦に切り替え?

それにもう一つ、今回の軍事演習には重大な意味が含まれていました。全体としてとにかく台湾の周辺六ヵ所での実弾使用の大演習ですから、その海空領域では他の船舶や航空機の通行は阻まれます。台湾にとっては海と空との封鎖という結果をもたらすわけです。演習の続いた四日間、台湾全体が封鎖されたような状況が生じたのです。

この現象からアメリカ側では将来の中国の台湾への軍事攻勢の方式が変わりつつあるのではないか、という見解が生まれました。

中国がもし軍事力で台湾を併合するという決断を下した場合、実際にどんな軍事作戦を取るかは全世界の注視の的です。中国にとって台湾の併合は祖国の統一という究極の目標です。とくに習近平政権にとってのその願望は民族の悲願として切迫した感じさえあります。

その併合の方法は理想的にはあくまで平和的な統一です。あるいは政治、外交、経済などの各領域で台湾に圧力をかける。あるいは説得する。軍事力を使わないそういう方法が優先されるわけです。

しかしそうした非軍事の手段がいずれも結果を生まない場合はどうなのか。中国の歴代政権はその場合の最終手段として軍事力行使策という選択肢を一貫して掲げてきました。

その方法は大部隊が台湾海峡を渡って、台湾に上陸して制圧するという作戦だとみられてきました。

ところが最近は習近平政権下の人民解放軍がその作戦内容を変え始めたという見方がアメリカ側で出ていました。そして今回の軍事演習がその見方を大幅に強めました。この点、私はアメリカの軍事の専門家の見解を直接に聞きました。

ワシントンの大手研究機関のヘリテージ財団が開いた台湾危機などに関するセミナーで歴代大統領の軍事顧問を務めたジャック・キーン陸軍大将（退役）が表明した見解です。

《中国人民解放軍は陸海空軍の台湾海峡を渡っての上陸作戦から台湾を空と海で包囲し、封鎖して台湾側を屈服させるという封鎖作戦への切り替えを始めたようだ。今回の大演習の方法がその新たな封鎖作戦を示している。Dデイ作戦は放棄されるかもしれないのだ》

中国軍が従来、計画してきたとされる大規模上陸作戦を米側関係者はDデイ作戦と呼んできたようですね。第二次大戦で欧州全体を制覇したドイツ軍に対して米軍主体の連合軍がフランス領のノルマンディーに上陸した大作戦の開始の日をDデイと呼んだことに由来するわけです。中国軍はこのDデイ作戦を止めて、台湾封鎖作戦に切り替え始めたようだというのです。

この封鎖作戦は中国側が八月四日から始めた大軍事演習の実際の方法ですでに示され

た、というのがキーン大将らの見解です。この演習は台湾を囲む六ヵ所の空海域での実弾発射などにより台湾への通常の海上輸送路や空路を遮断したので、実際に台湾全体に対する封鎖となった、というのです。

最近の中国側の戦術研究ではDデイ型の水陸両用の大規模上陸作戦は中国軍の犠牲も巨大だと推定され、台湾の封鎖や隔離により軍事だけでなく経済面での屈服を目指すことが効率的だとの判断が政治の最高レベルでも採択されたという報道もあります。

ワシントンの戦略国際問題研究所（CSIS）の「中国パワー・プロジェクト」という政策研究部門の主任のボニー・リン氏（元アメリカ国防総省台湾部長）も「中国の台湾制圧の方法は最近は正面からの上陸作戦よりも台湾に側面から脅迫や威嚇をかけて、台湾の政府や住民をくじけさせるという方向に重点を移してきたといえる」と語っています。

リン氏の見解は他の専門家たちの同様の意見とともにニューヨーク・タイムズ八月四日付の記事で詳しく紹介されました。この記事は「もし中国が台湾に時間をかけての締めつけをした場合、アメリカはどうするのか」という微妙な表現の見出しでした。

中国がもし台湾に対して海路、空路の封鎖という形で軍事圧力をかけるとなると、アメリカの対応は難しくなるでしょうね。どこまでが非軍事の封鎖で、どこからが軍事攻撃に等しい封鎖なのかの判定が難しいことになりかねません。

米軍と対峙できるほど強くなった中国軍

残された手段は軍事力行使しかない

しかしどんな状況でも中国が軍事力を使って台湾を併合するという可能性は現実的なシナリオとして残りますね。中国の歴代政権は台湾に対して一定の条件下では「非平和的手段」を使ってでも台湾の祖国併合を果たす、と宣言してきました。この点は任期延長を果たした習近平国家主席の二〇二二年十月の共産党大会での宣言に収斂されています。

ある時点ではその条件とは第一に、台湾が独立を宣言した場合、第二には台湾が外国勢力に占領された場合、第三には台湾が祖国への併合を無期限に遅らせるという状況が明白になった場合、などとされてきました。

二〇二二年秋という現状では以上のような条件にあてはまらなくても習近平氏にとって軍事攻撃のような強制的手段に訴えなければ台湾併合は果たせない様相が濃くなってきた

といえます。

数年前まではこの状況はかなり異なっていました。習近平氏が国家主席として登場してきた二〇一三年ごろは、台湾は中国ともっと近い関係にありました。中国本土には一時、七十五万人ともいわれた多数の台湾人が住んでいました。台湾の本土への経済投資が千五百億ドルにも達し、台湾の対外輸出の四〇％は中国向けでした。

中国共産党の統一戦線工作部が台湾の各種の選挙に介入して、親中傾向の候補が勝つように多様な工作を進めていました。総統選挙でも中国には親近感をみせる国民党の馬英九氏が勝っていました。習近平氏にとってこのままだと台湾は自らの意思で本土への併合を求めてくるかもしれない、という展望さえみえていたといえます。

ところが香港に対する中国政府の弾圧や台湾住民自身の民主主義意識の高まりなどで本土への政治体制への批判が高くなりました。台湾への自己認識の強い蔡英文氏が二〇一六年、二〇二〇年と二回も総統選で勝利したことがこの中国政府からの離反の原因であり、結果ともなりました。

台湾はいままでは中国本土との経済的な絆はかなりの程度、保ちながらも政治的には中国から遠ざかる一方です。その基盤には自由な市場経済の発展、さらに強力な民主主義政治の確立があります。

古森さんが指摘したように、台湾住民が自分たちを中国人ではなく台湾人として自己認識するという度合いはますます高くなっています。政治的、社会的、文化的に共産党支配下の中国本土と一体になることへの関心はなくなる一方なのです。

中国にとって台湾のこうした状態は台湾側の意思のままの平和的な方法で本土との統一を実現させることはますます難しい、ということです。残された手段は軍事力行使しかないのでは、という状況になります。

中国が武力を使って台湾を制圧しようとする際、決定的なカギはアメリカが軍事介入して台湾を防衛するか否か、です。これまでのアメリカ歴代政権はいまのバイデン政権も含めて、公式には介入するか否かをあえて明確にはしないという政策をとってきました。戦略的曖昧という政策です。

中国側からみても、軍事的攻撃となった場合に台湾だけを相手にして戦うのか、あるいはアメリカ軍と全面衝突するのか、では天と地ほどの差があるわけです。

しかし中国側としては当然、アメリカが軍事介入する場合をも想定しての台湾制圧戦略を考えるでしょう。

中国の台湾侵攻については米軍のインド太平洋司令官フィリップ・デービッドソン提督（海軍大将）が二〇二一年三月に上院軍事委員会で証言して、「中国は二〇二七年ごろには台湾を本格攻撃するだろう」と警告していました。この予測はもちろん中国軍の攻撃能力、とくに米軍の能力との対比次第ということでしょう。

デービッドソン氏はその後も「中国はすでに南シナ海で米軍に匹敵するほどの軍事能力を保持し、アメリカを抑えつけようという野望を追求し、台湾の軍事攻略にも意欲を強めている」という趣旨を公式の場で述べています。第一線の軍人からのこうした言葉は中国が軍拡を続け、二〇二七年ごろには台湾攻撃でも米軍を抑止する自信をつけている、という認識を示すわけです。

想像を絶する中国の大軍拡

周知のように中国はこの三十年ほど一貫して世界の歴史でも珍しい勢いでの大軍拡を続けてきました。公表する国防費だけでも毎年、十数%の増額です。公表分の国防費だけでもこの三十年になんと五十倍にも激増しています。

しかも秘密国家の中国は公表する国防費に含まれない軍事支出が公表分の倍以上もあるというのが米欧の専門家たちの長年の評価です。だから全体としては日本の防衛費の実態などからは想像を絶する大軍拡なのです。

とくにアメリカが対イラク戦争でサダム・フセイン指揮下の大軍を一気に撃滅した能力

に驚嘆した中国指導部は二〇〇三年以降、軍事力増強の規模をさらに一段と広め、同時に兵器、装備品、戦争ドクトリン、軍組織などとくに質を高める努力も顕著になりました。

そして習近平主席の下で二〇一五年、さらに近代的な新軍拡が始まりました。明らかに米軍と競合し、優位に立つことを目標とした効率的な戦闘態勢を築く計画です。

現在の中国人民解放軍は現役将兵が二百二十万、予備役が五十万です。米軍は現役が百二十万、予備役が八十万と、数だけでもアメリカは圧倒されています。しかし習近平氏が求めるのはあくまで軍隊の近代化、とくに海軍、空軍、その他の戦略戦力の質の向上だといえます。習主席は三期目に入っても、この軍事能力の大増強はさらに強調しています。

この計画では陸軍以外の海軍、空軍、そして各種ミサイルや核弾頭までを管理するロケット軍、宇宙作戦やサイバー攻撃をも含む新設の戦略支援部隊など多様な分野での戦争遂行能力の水準引き上げが推進されました。この歴史的と呼べる大軍拡を支えてきたのは高度成長を保つ中国経済です。

中国の軍事態勢についてさらにもう少し具体的に報告するならば、海軍では航空母艦はやがて合計六隻ほどになるでしょう。中国海警や海上民兵をも含めての中国海軍艦艇は四百九十六隻、そこに補助艦艇二百三十二隻が加わります。アメリカ海軍はそれに対して配備中の艦艇が二百八十二隻、予備役扱いが約百隻です。数の上ではすでに圧倒されています。

空軍では中国はいま世界最大の軍用輸送機を完成させています。戦闘機は米空軍の高性能のF16、F22、F35というような機種に合わせるような同レベルの航空機を次々に生産しています。

中国軍はまた大陸間弾道ミサイル（ICBM）や中距離弾道ミサイルを多様に、多数、開発し、生産しています。さらに海底を高速で動く無人艇や極超音速ミサイルも開発されています。二〇二〇年五月には中国が南シナ海の海洋上の標的に対して陸上から発射する新型ミサイルの実験に成功したという報道も流れました。また宇宙兵器やサイバー攻撃兵器の開発も絶え間なく進められています。

さらに注視されるのは中国が海外には軍事基地を保有しないという長年の宣言を破る形で二〇一七年、スエズ運河の入口にあたるジブチ共和国の港に基地を開設したことです。この基地はジブチ市の西に位置し、アデン海、紅海に面する戦略的要衝だともいえます。中国が非軍事の経済開発を請け負っていた地域ですが、周辺の海域に出没する海賊を退治するという名目で中国人民解放軍は初めての海外軍事基地をここに作りました。

中国はその後、この基地に一万人ほどの海兵隊的な部隊を駐留させつつあります。日本も自衛隊の拠点をジブチにおいていますが、中国の軍事プレゼンスはアフリカの角やインド洋での中国の影響力を強めることになります。中国はまたこの海域を頻繁に航行する日本、インド、ベトナム、韓国などの輸送船の実態を把握し、いざという際にはその阻害もできるという潜在脅威をも増すことにもなります。

ジブチでの軍事基地開設は中国にとって「真珠の首飾り」とも呼ばれる海上輸送路戦略の一端でもあります。この戦略は中国が南シナ海、マラッカ海峡、インド洋、ペルシャ湾までの港や空港へのアクセスを固め、広げるという作戦です。重要な拠点を真珠にたとえ、それを一定の絆で結ぼうというところからこの俗称が生まれました。

この構想は経済が軍事とからみあった中国の影響力の拡大の戦略であり、インドやアメリカはとくに警戒を強めています。

二十六年前は手も足も出ない状態だったのに

しかし私たちの目の前にそびえたつ強大、巨大な中国という存在が以前はどうだったのか。私も古森さんもよく知っている歴史の変遷です。それほどの昔ではない二十数年前の中国のパワー、そしてアメリカの実力を想起してみましょう。

一九九六年のことです。当時のクリントン大統領はアメリカ海軍の航空母艦二隻を同時に台湾周辺の海域へと送りました。中国の台湾に対する武力での威嚇を抑えるためでした。当時、中国が独立派とみなして敵視した台湾の李登輝総統がアメリカ訪問を希望しました。表面の目的は李氏がかつて留学していたコーネル大学の同窓会に出席することでした。

中国はアメリカが李登輝氏に入国ビザを与えて、訪米させることには猛反対を表明しました。しかし当時のクリントン政権は李氏の入国を認めました。これは一九九五年でした。中国は脅しの言葉の限りを尽くして抗議しました。

その翌年、台湾では総統選挙があり、李登輝氏の再選が確実となりました。この状態に対して中国はまた抗議を強め、軍事演習と称して、台湾の近くへミサイルを撃ち込んだのです。台湾の人心はかなり動揺しました。その「演習」がなお続きそうとなり、クリントン政権は中国の行動を危険だとして、二隻の空母を台湾近海へと送りこんだのです。

このときの中国側のうろたえぶりは見ものでした。ミサイル発射などをすぐやめてしまったのです。アメリカの強大な空母二隻、それぞれに護衛の艦艇がついての機動部隊に対して、中国側は対応する軍事能力はまるでなかったからです。しかも空母群が台湾のすぐ近くまできたのに、その正確な所在を探知することも中国軍はできなかったとされています。

要するに軍事力では中国はアメリカの前では手も足も出ないという状態だったのです。

しかしそれから二十六年後の現在、逆転とまではいかないまでも、中国軍は東シナ海、南シナ海では米軍と堂々と対峙できるところまで強くなってしまったのです。

さきほど言及したデービッドソン前司令官の話では、最近のワシントンの官民組織ではもしアメリカが中国と戦争になった場合、どうなるか、その帰趨を占うためのシミュレーション（模擬演習）が頻繁に試行されているそうです。いわゆる戦争ゲームです。

その結果、アメリカが勝てないという結果が出ることも最近では珍しくないそうです。米中の軍事力均衡はここまで変わってしまった、ということです。過去をよく知る人間にとっては感慨が多いですね。

古森義久

台湾をめぐる米中対立はますます険しさを増す

大統領が下院議長の台湾訪問に水をさそうとした謎

プレストウィッツさんが台湾問題などについて過去にもさかのぼり、時系列としては垂直に解説してくれたので、私はここでペロシ議長の台湾訪問に対して視角を横断的に広げて、さらに考察していきたいと思います。現在の状況をもう少し幅広い観点からみよう、ということです。

まずバイデン大統領のペロシ議長訪台への反応です。行政府と立法府という立場の違いこそあれ、長年の同じ民主党同士、ペロシ氏の台湾行にはバイデン大統領ももろ手をあげて賛成という態度を最初からみせると思っていたら、そうではなかった。奇妙なことが起きたのです。

まずペロシ議長の訪台計画が事前にホワイトハウス筋からもれて、一部の新聞で報道されてしまいました。後で判明したのですが、実はホワイトハウスの大統領補佐官らの間にもこの時期の下院議長の台湾訪問には難色を示す人たちがいたようです。実はこの訪台はペロシ議長自身は連邦議会の春の休会時期に予定していました。しかしご本人がコロナウイルスに感染してしまい、夏の休会期に延期されたのです。とくにこの時期に特別の意味があったわけではないようです。

ペロシ訪台の報道が流れると中国側からは早くも反対の声が出てきました。外務省の報道官の声明です。ところがふしぎなことにアメリカ側でもバイデン大統領が同様にその訪台に難色を示すとも受けとれる発言をしたのです。簡単な言葉でした。

《この訪問は、いまはよいタイミングではなく、アメリカ軍部首脳も反対しているようだ》

この大統領発言に対して先ほど言及した戦略研究家とし知られるジャック・キーン米陸軍退役大将が八月四日のワシントンでの「台湾の将来」というシンポジウムで正面から批判しました。

《バイデン大統領はこの発言で失態を冒した。大統領が賛成でないなら中国側はここぞとばかり反対をエスカレートさせる。それに米軍首脳はペロシ訪台に反対などしていない》

確かにペロシ議長の訪問前に米軍のマーク・ミリー統合参謀本部議長やロイド・オースティン国防長官がその訪問の是非を語ったという記録はみつかりませんでした。バイデン大統領が間接的にそう述べただけのようなのです。キーン大将はその点を衝き、米軍首脳はペロシ訪台にとくに反対はしていなかった、と明言したのです。

バイデン大統領がなぜ当初、ペロシ訪台に不同意だったのか。一種のミステリーです。なぜならバイデン政権全体としてはこれまで台湾への支援を増してきました。政権の高官の台湾訪問も中国政府の反対表明にかかわらず、より頻繁となりました。そしてなによりも連邦議会での台湾支持が民主党、共和党いずれもで、きわめて堅固になっているのです。

そんなときに大統領が下院議長の台湾訪問に水をさす、というのは一種の謎でした。ところがその後のワシントン・ポストの調査報道記事で大統領側近のなかに、この時期のペロシ訪台に強く反対する二、三人の人物がいたことが明かされていました。中国への忖度だといえましょう、大統領はどうもその少数の人たちの意見に動かされていたようなのです。

しかし結果としてこのバイデン発言は中国側を元気づけた形跡があります。アメリカの行政府と立法府の間には意見の違いがあるようにみえたことにより、中国政府側はペロシ議長が台湾に着く前に反対のトーンを一段と激しくしたのです。

ところがペロシ議長が実際に台湾に着き、蔡英文総統らと友好的きわまる交流をして、その後すぐに中国側が敵意に満ちた軍事演習を始めるとなると、バイデン大統領もホワイトハウスの報道官らもペロシ議長の行動を褒め、中国側の乱暴さを非難する言明へと一転しました。

アメリカ議会が超党派で団結し、中国の非難を跳ね返した

しかしペロシ議長の台湾訪問は実際に中国の習近平政権にとってどれほど重大な事態だったのでしょうか。このあたりも同じアメリカでも多様な見方があることに、ある意味で

感嘆しました。トランプ政権で東アジア担当の国防次官補だったランディ・シュライバー氏は中国の反応を「加工された激怒」と評し、いかにも激怒したふりをしているだけだと指摘していました。

台湾問題は重大であってもペロシ議長訪問自体はそれほど深刻な出来事ではない、という受けとめが実は中国側にある、というのです。

歴代のアメリカ政権で中国問題を担当したロバート・サター氏も似た意見を述べていました。いまはジョージワシントン大学の教授を務める同氏に私が直接、聞いたのですが、以下のことを述べていました。

《ペロシ議長訪台自体は中国は実際にはそれほど重大視していなかったと思う。一つには同議長の訪台への抗議を実際に述べている中国政府側の人物は誰か。今回はせいぜい外務省の報道官レベルだった。共産党の政治局のレベルでは誰も発言していない。その後の軍事演習は従来よりも大規模だったが、この軍事行動は習近平政権がこのところ強めている台湾への威嚇の延長と拡大だといえる》

台湾問題全体、つまりその本土への併合は中国歴代政権の悲願です。核心的利益のなかの最核心です。そのために習近平政権も最近、台湾に対して軍事、外交、経済の各面で圧力を増しています。台湾との関係の現状を中国が好む方向、つまり併合という方向へ変えようという意図です。

しかしアメリカは逆に台湾の現状を保とうとして、その中国の圧力を押し返しているわけです。そのアメリカの動きに中国は根本から反発するわけですが、今回のペロシ議長の台湾訪問自体はそれほど深刻な事態とは実はみていない、ということでしょう。こうした複眼的な考察も大切だと思いました。

しかし今回のペロシ議長訪台はアメリカ側ではポジティブな結果をも生みだした感があります。アメリカ議会が超党派で団結して、中国の非難を跳ね返したことです。台湾支持の議会での度合いを増強したのです。台湾への中国の威迫を押し返したのです。

このあたりを先ほど紹介したサター教授が次のように総括し、分析していました。

《アメリカ議会での台湾支持の勢いはトランプ前政権時代の二〇一八年ごろから顕著に強くなった。今回のペロシ訪台もその背景をみるべきだ。

議会での台湾支援がなぜ強くなったのか。

一つは中国の台湾への圧力や威嚇がひどくなったことだ。その背景には中国の無法な膨張的言動が激しくなり、まちがいなくアメリカの基本的な国益を害するという認識がトランプ政権時代に確立されたことがある。

第二にはインド太平洋構想が国際的に推進されるにつれ、その構想での台湾の立場の重要性が広く認識されるようになったことだといえる。

第三には台湾自身の政治的、経済的な機能の拡大である。台湾の民主主義、人権尊重、法の支配の確立はアメリカが中国と競合するうえできわめて強力な味方だといえる。そのうえに半導体生産に象徴される台湾の経済力の最近の拡大はアメリカへの貴重な資産となったのだ》

以上がサター氏のこの点での考察でした。

当面は台湾に軍事攻撃をかけないだろう

しかし米中関係における台湾問題は中国が悲願とする台湾の併合を究極的にどんな手段で達成しようとするのか、この点こそが最大の焦点、懸念の的となります。プレストウィッツさんも指摘したように、中国はアメリカとの全面衝突をも覚悟のうえで、台湾に武力侵攻するのか。その場合にアメリカは台湾を守るのか、というのが核心課題です。

台湾防衛に関する歴代のアメリカ政府の政策はバイデン政権も含めて、「中国が台湾を武力攻撃してもアメリカが軍事介入して台湾を防衛するか否かは、わからない」という骨子です。「戦略的曖昧」とされる政策ですね。

しかしバイデン大統領は「中国が台湾を攻撃すれば、アメリカは軍事介入する」と公式の場で少なくとも三回あるいは四回も述べました。もしそうであれば、アメリカの態度は「戦略的明確」となります。ところがバイデン大統領自身がそのたびに「アメリカ政府の戦略的曖昧という政策は変わっていない」と自分の発言を否定しています。

アメリカ大統領の発言がアメリカ政府の政策とは異なるというのでは、バイデン氏の言葉は失言とみなさざるをえないでしょう。しかし彼個人の気持ちは台湾を守りたいということかもしれない。でも先のペロシ訪台に水をさした発言と同様、バイデン大統領の言動には統治能力を疑わさせる混乱が多いようです。

周知のようにアメリカの台湾政策は中国に対する「一つの中国」原則の認知、そしてアメリカの国内法である台湾関係法での台湾への支援の二つの柱により構成されているといえます。「一つの中国」認識はすでにプレストウィッツさんが説明したとおりです。

一方、台湾関係法はアメリカによる台湾への防衛のための兵器供与を明記し、さらに台湾の平和や安定はアメリカにとって「重大な懸念の対象」だとしています。もし中国が台湾を攻撃した場合、アメリカが軍事的に介入して、台湾を防衛するか否かは、なにも書かれていない。つまりアメリカがどうするかはわからない。ただし無関心ではいないぞ、という意思の表明です。

台湾関係法はアメリカが中国と国交を結び、台湾とのそれまでの国交を断ったとき、一九七九年にアメリカの国内法として成立しました。台湾の防衛については支援はしていくが、アメリカが実際に軍事介入して中国と戦うか否かについてはなにも書いてありません。だから軍事介入の可能性は「戦略的曖昧」とされてきた。これまでアメリカ歴代政権が四十余年、保ってきた政策です。

ただしいまこの状況に対して中国の侵攻には米軍が必ず介入するという「戦略的明確」に切り替えるべきだという主張がアメリカ議会やバイデン政権内外で出てきたわけです。バイデン大統領自身の介入の意思の表明もこの部分だけみれば「戦略的明確」となります。

ただし繰り返しますが、バイデン政権の政策はなお大統領発言とは異なる「戦略的曖昧」なのだと複数の同政権高官によって明言されています。

アメリカ側の姿勢はきわめて複雑であり、多層なのです。

もしアメリカ側が公式に戦略的な「曖昧」を放棄して、「明確」に切り替えるということになると、これまでの米中関係は根底から再編成となります。中国は猛反発するからいまの米中関係は崩れてしまう、断交にさえなる可能性があります。そんな極端な危険性を考えると、バイデン政権は現状のままという道を続けるほかないようにも思えます。

しかし中国にとっての計算は次のようになるでしょう。

アメリカの政策がいまのままであれば、台湾を軍事力で攻めても、アメリカはなにもしないかもしれない。だが実際に軍事行動を起こすかもしれない。行動を起こす可能性の方がおそらく高いだろう。だから台湾攻撃はアメリカとの全面戦争までをも覚悟しないと断行できない。その準備はまだできてはいない――。

だから習近平政権も当面は正面から台湾に軍事攻撃をかけることはないだろう、というのがアメリカ側の多数派の分析だといえます。私自身もこの分析には同調できる、というのが率直な意見です。

しかし台湾海峡での軍事衝突が起きるリスクは現実に存在する。この点への認識も超重要だと思います。

米軍が見せた中国への強固な姿勢

なおペロシ議長訪台と中国の軍事大演習のまたその後にさらに米中関係の緊迫を高める展開があったことを付記しておきましょう。中国の軍事演習での強気姿勢に対して、ではアメリカはどうしたのか。

アメリカ側もさらにまた強硬な反応をみせたのです。

アメリカ海軍のミサイル巡洋艦二隻がペロシ議長の訪台から三週間ほど後の八月二十八

日、中国の反対を無視して台湾海峡を航行したのです。中国側が大規模な軍事演習を実施してから初めてのアメリカ艦艇の同海峡の航行だった。中国側は台湾海峡全体を中国の海と同様の扱いをしており、この動きで台湾をめぐる米中対立はまた一段と緊迫を強めたといえます。

政治面ではアメリカ議会からはペロシ議長の後にすでに他の議員団が同じ八月中でも二組も台湾を訪問しました。その訪問議員団のなかには台湾をあえて「国」と呼ぶ議員も出て、中国側のアメリカや台湾に対しての威迫的な言動にはさらに強く反発する姿勢を強めたことになります。

米軍インド太平洋統合軍指揮下の太平洋艦隊第七艦隊司令部は八月二十九日、第七艦隊所属のミサイル巡洋艦チャンセラーズビルとアンティータムが同二十八日、台湾海峡の公海部分を航行したと発表しました。同発表によると、この二隻のミサイル巡洋艦は台湾海峡の中国、台湾双方の領海、接続水域以外の公海に等しい国際水域を航行したというのです。

一方、中国側は台湾海峡のすべての水域が中国の領海や接続水域に等しいとして、米海軍艦艇による同海峡の航行は中国の主権への侵犯となる、という解釈を打ち出しています。この結果、台湾海峡を管轄するという中国人民解放軍東部戦区の報道官は「台湾海峡はすべて中国の領海、接続水域に等しく、その水域の外国軍艦による無断航行は中国の主権侵犯となる」と厳しく非難しました。同報道官はさらに「中国軍はこの種の侵犯や挑発の行動に対してただちに反撃する態勢にある」とも警告し、威嚇をほのめかしました。

他方、アメリカ側ではホワイトハウスの国家安全保障担当のジョン・カービー報道官は「アメリカの海軍、そして他の部隊は国際法が立ち入りを認める全世界の水域、空域ではどこでも自由に活動する。それが自由で開かれたインド太平洋の原則でもある」と述べて、中国側の主張を退けました。

ペロシ議長に抗議する形の中国軍の大規模な軍事演習に対して米側も軍事面で引くことはない、という強固な姿勢をみせたことになります。この結果、米中間の台湾をめぐる対立はさらにエスカレートする様相となりました。

アメリカ側はバイデン政権の下でも米海軍艦艇による台湾海峡の航行は二ヵ月ごとほどの頻度で実施してきました。前回は二〇二二年五月でした。だがペロシ議長の訪台以後は今回が初めての米海軍艦艇の台湾海峡航行となり、米側が中国の軍事演習による威嚇に対して引き下がる姿勢はみせないという意思表示ともなったわけです。

一方、中国政府はアメリカの政府や議会を代表する公人が台湾を訪れることにはすべて反対してきました。だが米側はトランプ前政権、そしてバイデン現政権と、高官の訪台を実行してきました。しかもバイデン政権下では政府よりも議会が台湾支援の強い姿勢を鮮明にしてきたのです。

アメリカ議会からはペロシ議長の訪台への中国側からの激しい抗議にもかかわらず、八月十四日にはエド・マーキー上院議員（民主党）ら合計六人の連邦議員団が台湾を訪れ、蔡英文総統らと会談しました。

さらに八月二十五日にはマーシャ・ブラックバーン上院議員（共和党）が訪台しました。同上院議員は以前から中国の対外的な国際規範無視の領土拡張や国内でのウイグル人弾圧を激しく非難した実績があります。蔡英文総統との会談でも台湾の民主主義を賞賛し、中国の専制主義を批判しました。

ブラックバーン議員はそのうえでアメリカと台湾との民主主義の価値観共有はすばらしいと強調して、中国政府を怒らせる言動で一貫しました。

またブラックバーン議員は台湾でのツイッター発信で、台湾の民主主義や人権尊重の実績を強調する過程で台湾を「国」とか「国家」とあえて呼んだのです。台湾を国家扱いするのは米中両国間の年来の「一つの中国」原則への認知を無視する対応となります。

アメリカ議会はペロシ議長訪台への中国の反発をものともせず、これでもか、これでもかと、連発のように台湾への接近を誇示したのです。

アメリカ議員たちのこうした台湾への接近はアメリカ議会全体に台湾支持の流れが一段と強まっていることを示した、といえます。この台湾支持の高まりは中国政府の新型コロナウイルスの国内感染の隠蔽や南シナ海での軍事力を背景とする不当な領土拡張、政治や安保の紛争を経済制裁で押し進める経済恫喝外交など中国側の独裁支配への米議会での超党派の糾弾が広がった結果だといえるでしょう。

しかし中国側も台湾併合を国家の悲願のように高く位置づけ、アメリカの台湾支援にはきわめて強硬な態度で反発しているのです。このままだとこの台湾をめぐる米中対立はますますその険しさを増すことが予想されるわけです。

第二章

世界的に危険性が高まる中国

クライド・プレストウィッツ

中国共産党はどんな世界の実現を目指しているのか

習近平氏が発表した「九号文件」

ここからは、中国がアメリカや日本にとってなぜ危険な存在なのか。なぜ既成の国際秩序にとっても危険であり、脅威なのか。この点を論じましょう。それは、いま世界を不安にするアメリカと中国との対立の根源部分でもあります。

中国を支配する中国共産党はアメリカをどうみて、世界をどうみているのか。この基本を検証すると、中華人民共和国という存在が外部世界にとってはきわめて高い危険性をはらんでいることが明確になります。

この点に関しては中国共産党がみずから作成し、党内で配布した重要な文書があります。中国共産党政権がどんな世界の実現を目指しているのかを政治理念、つまりイデオロギーの面から明示した宣言文書です。

この文書は習近平氏が国家主席になった二〇一三年三月のすぐ後に作成されました。習近平氏が中国共産党の最高ポスト、つまり総書記の座に正式に就いたのはその前年、二〇一二年十一月でした。その直後に習氏は共産党組織の最高首脳部にあたる中央政治局常務委員六人を引き連れて、北京市内の国家博物館を訪れました。

ここでは「中華民族の偉大なる復興」と題する特別展示が催されていました。中国がこれまで長い年月、外国の侵略や搾取を受けて、屈辱の日々を送ったが、もうそれも終わり、いまや世界に冠たる偉大な復興を果たしつつあるのだ、という趣旨の展示でした。

新たに共産党のトップとなった習氏はこの偉大な中国という目標を同志であり、部下である政治局常務委員たちに実感させ、自分の統治の方針をはっきりと知らしめようとした、ということでしょう。

そして習氏は翌年の三月に国家主席となりました。その翌月の四月、中国は世界にこれから積極果敢に直面していくうえでの方針を示す重要文書を共産党内で発表しました。この文書は「現在のイデオロギー領域の状況に関する通報」と題されていました。後に単に便宜上、「九号文件」とも呼ばれるようにもなりました。

この文書の内容は習近平政権にとっても、いやアメリカなど外部世界全体にとっても、きわめて重大な意味を持っていました。国家がどうあるべきか、という政治イデオロギーについて習近平政権の世界観のような思考をずばりと説いていたからです。

この文書は中国共産党として、習近平政権として外部世界に対した際に反対し、否定していかねばならないイデオロギーを列記していました。つまり中国にとって戦って抑えつけ、抹殺しなければならない政治思想、すなわちイデオロギーというわけです。

この文書自体は共産党内部での各組織、各機関に通達されるだけで外部には秘密ということになっていましたが、すぐに外部にもれ、やがてはニューヨーク・タイムズで詳しく報じられるにいたりました。

中国が排除したい七項目のイデオロギー

では中国が抹殺したいとするイデオロギーとはなんなのか。この文書によると以下のようでした。排除しなければならない目標がまず記され、その目標は中国にとってどんな害があるのかを説いているのです。

《西側の憲法に立脚する民主主義の宣伝＝中国側の現在の指導層と中国の特色のある社会主義政治制度を否定する狙い》

つまりアメリカやイギリスの説く民主主義は中国側の制度を否定するために宣伝されているのだ、という指摘なのです。

さらにこの九号文件には以下の記述がありました。
《人権の普遍的価値の宣伝＝共産党執政の思想的・理論的基礎を動揺させる狙い》
《市民社会の宣伝＝共産党執政による社会的基礎を瓦解させる狙い》
《新自由主義の宣伝＝中国の基本的経済制度を改変させる狙い》
《西側の報道の宣伝＝中国の党によるメディア管制の原則と新聞出版管理制度への挑戦》
《歴史的ニヒリズムの宣伝＝中国共産党の歴史と新中国の歴史の否定が狙い》
《改革開放に対する疑念＝中国の特色ある社会主義の性質に対する疑念》
以上の合計七項目にわたるイデオロギーは中国共産党として、さらには中華人民共和国としては否定し、排除しなければならない、と宣言しているわけです。
その否定の対象をもう一度、さらりとみると、民主主義や人権尊重という普遍的価値、自由な報道までがあげられています。そして個人の自由や権利が前提となる市民社会、自由な競争が前提となる自由民主主義なども否定の標的とされています。
こうみてくると、中国共産党政権はアメリカやイギリス、いわゆる西側、自由民主主義陣営が国家や社会の基盤とするイデオロギーをすべて否定していることが明白になります。アメリカから民主主義や個人の権利を奪ったらどうなるのか。国家自体が成り立たなくなるでしょう。日本も同様だといえますよね。

一方、中国からすれば共産主義を本来の純粋な形から変えて、「中国の特色のある共産主義統治」にしてみても、その発展にはアメリカの保つ自由民主主義というような理念が障壁となる、ということなのです。

そして中国共産党の首脳部は党員たちにアメリカ側の民主主義、自由主義、人権尊重という基本原理を敵として闘うことを命令しているのです。とくに全世界で民主主義を国家の基盤とする国は多数ありますが、中国にとって最大の敵はアメリカです。

アメリカが信奉し、実行するイデオロギーはそもそも中国が拠って立つイデオロギーを否定する。だからそのまま放置すれば、自分たちが滅びてしまう。そんな事態を避けるにはアメリカ側に対して少なくともイデオロギー面での攻撃をかけ続けなければならない。そんな思考が中国共産党、とくに習近平政権の核心なのです。

だから中国とアメリカは水と油、ともに天を共有することはできない、という考え方に達するわけです。この点での基本的な真実は一つには香港の実例でも立証されました。

アメリカやイギリス側が保持してきたイデオロギーが実際の統治として機能してきた香港は一九九七年に中国に返還されました。中国はその後の五十年間はその民主主義や自由という香港の政治システムの継続を認めるという趣旨の「一国二制度」の採択を誓約しました。

しかしその返還から二十年も経たない時期から中国は香港を自国と同じ共産党政権独裁のシステムに組み込むという作業を堂々と始めました。香港の本来の民主主義や人権尊重というイデオロギーを抹殺していったわけです。中国とアメリカの衝突をみるとき、その背後に存在するイデオロギーの背反を理解するにはわかりやすい実例です。

古森義久

中国主導で社会主義的な国際秩序作りへ

中国は何を敵として、何を破壊していくのか

共産党政権の中国とアメリカとは共存はできない、ということですね。この点、習近平氏は国家主席への就任当時からアメリカ的なイデオロギーは中国の共産主義政権の存在そのものの否定だとする、ある意味でわかりやすい認識を鮮明にしていたということですね。

しかし中国側はそれまでの長い年月、そのような敵対性をアメリカに向かって露骨にみ

せはしなかった。むしろアメリカとの協力や連携を唱える時代が長かった。そして共産党の根底にある自由民主主義制度などへの敵対性を隠したわけです。

鄧小平が一九九〇年ごろに述べたとされる「韜光養晦《とうこうようかい》」という言葉がその真髄を表しているとされますね。「真の才能を隠して、ひそかに力を蓄える」という意味の言葉は中国が外部世界に対して、十二分に強くなるまでは弱いふりをしておけ、という欺瞞の対外姿勢を意味していました。

まさにそのとおり、中国はこの対外だましの大作戦に成功したわけです。強くなったら弱者の仮面をかなぐり捨てて真の敵に立ち向かえ、というのです。近年の中国の国際的な立ち居振る舞いです。

だから中国がアメリカ主導の自由民主主義陣営には根源的に敵対していくのだという基本姿勢が、プレストウィッツさんの指摘のように二〇一三年の習近平氏の国家主席就任の直後に、その重要文書で明解に示された。つまり中国はなにを敵として、なにを破壊していくのか、を明示したわけです。

だが敵を倒した後は自分たちでどんな世界を創造していくのか。この点が中国のイデオロギーには同調しない側にとっては最大懸念の対象です。

中国が対外的になにを目指すのか。この問いの答えは中国の周辺地域については早い時期からわりに明確でした。つまり東アジア、西太平洋などの地域での中国の戦略的な目標です。

その目標は香港の完全な本土との一体化から台湾の併合、そして南シナ海の諸島の奪取、さらに南シナ海全体の制圧、さらには東シナ海に出て、日本の尖閣諸島の奪取、そのうえにこの東アジア地域でなお軍事力、政治力、経済力を保つアメリカのパワーの削減、そしてアジアからの放逐と、実現が可能かどうかは別にしても中国の意図はかなりはっきりと形をみせてきました。

中国はアジアでは自国の支配の強化、そして対外的な影響力の拡大を目指してきたわけです。その拡大の内容も当然、中国独自の一党独裁の方式での枠組みだといえましょう。

習近平氏の新たな国際秩序構想についての演説

では中国の世界的な目標とはなんなのか。

この問いかけでは、少なくともイデオロギー面での答えはわかっていました。民主主義や人権尊重のイデオロギーを排除するということですね。だがもう少し具体的な中国の世界戦略はわからないのか。

この問いに対する少なくとも一つの有力な答えが二〇一八年六月に習近平国家主席によ

り提示されました。習氏はグローバルな統治体制を主導して、中国中心の新たな国際秩序を構築していくことを宣言したのです。

この宣言は中国がこんご国際秩序全体のあり方をめぐってもアメリカ側とは衝突していくことの予測だともいえます。

習近平氏は二〇一八年六月の二十二、三の両日、北京で開かれた外交政策に関する重要会議「中央外事工作会議」で演説して、中国としての新たな国際秩序構想を宣言しました。習氏は国家主席に就任して最初の任期五年を終えて二期目に入ってすぐの時期でした。

この宣言は中国共産党機関紙の人民日報六月二十四日付で報道されました。同報道によると、習主席はこの会議で「中国はこんごグローバルな統治の刷新を主導する」と宣言し、「国際的な影響力をさらに増していく」とも明言したとのことです。

この会議はこれまで二〇〇六年と二〇一四年の二回しか開かれていない共産党の重要会議だそうです。その会議は新たな対外戦略や外交政策の目標を打ち出すことを目的とするとされました。

この会議には中国共産党政治局常務委員七人の全員のほか王岐山国家副主席や人民解放軍、党中央宣伝部、商務省の最高幹部らも出席しました。出席者にはとくに中国のアメリカ駐在大使も含まれており、この会議の目的が超大国のアメリカを強く意識したことを象徴していました。

習近平氏の演説は中国独自の価値観やシステムに基づき、新たな国際秩序を築くと宣言している点が画期的でした。これまでの類似の言明よりも段違いのスケールと積極性を示していたのです。習近平主席の世界統治方針の宣言とも呼べましょう。

習氏の演説の骨子は以下のようでした。

《中国はグローバルな統治を刷新するための道を指導していかねばならない。同時に中国は全世界における影響力を増大する》

《中国は自国の主権、安全保障、発展利益を守り、グローバルなパートナーシップ関係の現在よりもよい輪を作っていく》

《中国は近代的で強力な社会主義国として国際社会の責任ある一員となり、多くの開発途上国を天然の同盟軍として、新時代の中国の特色ある社会主義外交思想を作りあげてきた》

《新たな国際秩序の構築のために中国主導の巨大な経済圏構想「一帯一路」や「アジアインフラ投資銀行（ＡＩＩＢ）」をさらに発展させる》

《中国主導の新しいスタイルの国際関係はだれにとってもウィン・ウィンであり、互恵で

なければならない》

以上が習近平主席の中国の新たな国際秩序構想についての演説の要旨でした。具体的な説明は少ないが、基本部分で「中国の主導」、「社会主義的」、「中国の特色」などという表現を使っていました。

習近平主席のこの新たな対外政策演説は中国がこんごこれまでよりは明確な指導的な立場に立って、新しい国際秩序を築いていくことの方針表明だったといえましょう。

具体的には「社会主義」という言葉をも打ち出していました。アメリカが主導して構築してきた現在の国際秩序とは内容や概念が異なるグローバルな統治を目指すことが明確にされていたといえます。

やはりこの宣言は中国による新たな国際秩序の構築宣言だとみなせます。そこにはもちろん従来のアメリカ主導の国際秩序のように、人権、自由、法の統治という年来の普遍的な価値も明記されていません。そうした価値観はむしろ排しているのです。むしろ「社会主義」という標語の導入で中国独自の国際秩序システムの推進への意欲がうかがわれます。

クライド・プレストウィッツ

アメリカは共産党政権にとって最大の敵

アメリカへの影響力行使に関する報告書

中国共産党政権にとってアメリカは最大の敵だということです。とくに習近平政権はアメリカへの直接の敵対的な工作を大規模で展開するようになりました。中国はインド太平洋とか、東アジア、あるいはヨーロッパでも国際的スケールでアメリカの国益を侵す活動を広範にとっていますが、アメリカ国内での中国の工作も積極果敢となりました。

アメリカ側でももちろんこの中国の工作に対して無防備ではいません。多様な方法で対策をとっています。では中国の対米工作は具体的にどんな種類があるのか。米側の調査報告からまず紹介しましょう。

スタンフォード大学のフーバー研究所の上級研究員ラリー・ダイアモンド氏とアジア協会の研究員オービル・シェル氏が中心となった中国研究者グループが二〇一八年にまとめ

た「中国の影響力とアメリカの利害」と題する長大な報告書があります。この内容は中国がアメリカの国内に対して多様な工作を展開している実態を伝えていました。

まず同報告書は中国共産党の実に多くの機関がみなそれぞれアメリカ国内に浸透して影響力を行使するよう命じられていると指摘します。

その機関とは統一戦線工作部、中央宣伝部、国際連絡部、人民解放軍の対外組織の中国国際友好連絡会や中国共産党の外交支援組織の中国人民対外友好協会、外交部などだということ。

こういう組織の要員がアメリカの大学、ニュースメディア、経済界、政府、議会などに接触して、浸透を図り、中国にとって有利な政策や傾向を引き出すための努力をしているとのことでした。この報告書は中国政府がアメリカ国内の多数の大学に開設した孔子学院の危険性をも指摘していました。

孔子学院は中国政府機関の資金と要員をアメリカ国内の大学に投入して、中国語や中国の歴史、文化をアメリカ人学生に教えるという名目で多数が開かれました。ただしその後、多くの孔子学院が中国の政治思想をアメリカ人学生に教えたり、逆に中国側にとっての情報収集の拠点になったりという事例が続出して、トランプ政権下では閉鎖に追い込まれるところも多くなりました。

この報告書はアメリカ国内に一時は三十数万人もいるとされた中国人留学生が「中国学生学者連合会」という組織を通じて、アメリカ側の大学の中国研究学者や中国関連の教科内容に影響力を行使するとか、同じ中国人留学生の思想傾向を監視するなど、中国政府のために活動する事例も多いとも伝えていました。

フーバー研究所とアジア協会の代表が中心となって作成した、この中国のアメリカへの影響力行使に関する報告書はほかにも興味ある指摘をしていました。その実例をあげていきましょう。

《アメリカは中国人研究者がアメリカの政治や安全保障、歴史などをアメリカ国内で調査し、研究することに対してはまったく自由のままだが、中国政府はアメリカ人研究者が中国の国内で政治や歴史を研究する場合に種々の制限を課している》

《中国当局は自国内で活動するアメリカ企業の代表たちに対してチベットやウイグルに関して政治的な発言や行動に制限を課し、違反した場合はその企業に経済的な制裁を加えている。一方、中国はアメリカ国内で特定企業に対して働きかけ、「中国商工会議所」を結成させた》

《中国当局はアメリカ国内で多数、存在した中国系住民向けの中国語新聞を政治的な基準により買収したり、あるいは廃刊に追い込む措置をとった。中国政府機関は同時にアメリ

カ国内の中華系住民向けに政治的に北京政府に忠実な中国語、英語の新聞や雑誌を発刊した》

アメリカのパワーを弱め、その基本的な国益を傷つける作戦

以上のように中国政府の多様な組織によるアメリカ国内での工作、さらに中国の国内でのアメリカの企業やメディア、さらには学者らに対する工作はひどいものなのです。

まあその基本にはアメリカが自由な国であり、中国は閉鎖された独裁国家である、という大きな相違があります。

この報告書は中国のアメリカに対する工作は高度技術や知的財産など経済活動の心臓部にも達する領域にも及ぶとして次のような記述をしていました。

《中国はとくに高度技術に関してアメリカからの多様な形での収奪を続けてきた。中国はそうした技術の窃取、スパイ活動の成果、あるいはアメリカの企業が中国で生産活動を始める場合、必ず中国側との合弁にすることを義務づけて、その結果、米側の産業秘密までも入手することにも成功してきた》

《中国当局はさらにアメリカ国内で特殊の高度技術を持って活動を始めようとする中小の起業的な企業に投資することでその高度技術を得るという方法もとってきた。中国による

その種のアメリカ側への投資は二〇一八年だけで三十億ドルにも達したとみられる。中国系機関はアメリカでも最先端の技術を有して旗揚げをした「ベアフット・ネットワークス」、「ズークス」、「AIセンス」というような新興企業にもかかわった》

《中国当局はアメリカの主要メディアにも接触して主要新聞に中国の共産党機関紙の英語版を挿入して配布する取引を実現させた。一方、中国当局は中国国内ではアメリカのメディアの媒体としての活動も、報道のための記者の活動も厳しく制限している》

《中国はアメリカの大学の開放性にもつけこんで優秀な学者を秘密裡に高給で雇い、高度技術をも持ち出させる工作を実施した。そんな事例の一つとしてハーバード大学化学・化学生物学科長のチャールズ・リーバー教授は二〇二〇年六月、中国側の秘密徴募工作の「千人計画」への関与を隠した虚偽証言の罪により刑事訴追された》

以上のような事例をみていると、中国の対アメリカ工作というのは単に中国側の軍事や経済のパワーを増強させることに寄与するだけでなく、アメリカ側のパワーを弱め、その基本的な国益を傷つけている、といえるでしょう。

さらに私が中国の対米工作の恐ろしさとして指摘したいのは自己検閲という効果です。アメリカ側の識者、とくに学者や経済人が中国側の報復や制裁を懸念して、自分の言論や行動を自己規制して、真実を語らなくなることです。つまり自分で自分の言動を抑え、事実を隠してしまう、という検閲的な行動です。中国が非道なこと、理不尽なことをしても、批判できなくなってしまうのです。

その自己検閲の典型例はハーバード大学教授だったエズラ・ボーゲル氏でした。彼はかつて「ジャパン・アズ・ナンバーワン」という本を書き、日本でも人気者になりましたね。ボーゲル氏は中国研究でも知られる学者ですが、鄧小平の一代記を大冊の本として書きました。すぐれた本でした。

しかしその本の中国語版では天安門事件についての章が完全に削除されていました。民主主義を求めた多数の中国人たちが鄧小平らの命令で動いた人民解放軍に殺されたこの事件をボーゲル氏は明らかに中国当局の反応を考慮して自己検閲で排除したとしか思えません。

古森義久

経済安全保障上の敵としての中国

FBI長官の中国に対する厳しい警告

いまの話で中国の「千人計画」が出たので、追加させてください。私もこの件についてはワシントンで詳しく取材したことがあります。連邦捜査局（ＦＢＩ）長官が中国政府の海外人材を破格の好待遇で秘密に集める野心的な徴募計画としての「千人計画」はアメリカなど諸外国の軍事関連などの高度技術を違法に取得する手段だとして厳しい警告を発したのです。

二〇二〇年七月七日のことでした。ＦＢＩのクリストファー・レイ長官はこの日、ワシントンの大手研究機関のハドソン研究所で「中国の政府と共産党によるアメリカと経済と国家安全保障への脅威」と題する講演をしたのです。

レイ長官はまず「ＦＢＩがいま捜査中の外国機関によるアメリカの官民に対する各種の

犯罪案件合計約五千件のうち半数は中国関連だ」と明言しました。そして中国の政府機関や軍組織、国有企業、民間企業などがそれぞれの組織と人員を投入してアメリカの経済や安全保障を害する犯罪行為を働いている、と言明したのです。

それらの犯罪活動はアメリカ政府機関に対するスパイ活動、アメリカ官民からの高度技術の不法取得、アメリカ官民へのディスインフォーメーション（虚偽情報）による影響力行使など広範に及ぶというのです。このあたりはプレストウィッツさんがすでに説明したとおりです。

レイ長官はそして最近の「千人計画」の参加者によるアメリカの高度技術の不法奪取などの実例をあげて、取り締まりの強化を宣言しました。

「千人計画」には日本の科学者もすでに参加したと報じられ、アメリカ政府によるその違法性の追及は日本の対中関係にも影響を及ぼしかねない。私はそう感じながらレイ長官の話に耳を傾けました。

さて「千人計画」とはそもそもなんなのか。

中国での正式呼称は「海外高層次人才引進計画」です。中国政府の国務院と共産党中央組織部が主体となって二〇〇八年末にスタートさせた野心的なプログラムです。その目的は諸外国の理工系の最高級人材を破格の好待遇で集め、中国の軍事、経済を発展させる科学技術に貢献させることだとされています。

中国政府は同計画の存在自体は公表し、二〇一七年までに合計七千人の理工系の科学者、研究者を集めたとされていますが、その具体的な活動の内容や成果はほとんど秘密にされてきました。

レイ長官はこの講演でも冒頭でとくに「千人計画」のアメリカにとっての危険性を強調し、中国による同計画の枠内の最近の犯罪事例を報告しました。

アメリカでの犯罪取り締まりの最大組織であるＦＢＩの長官がこうして中国の活動に焦点を絞り、強硬な態度を明示することは二〇二〇年夏という時期のトランプ政権全体の対中姿勢の硬化を反映していました。

アメリカ側ではとくにこの「千人計画」への警戒が高まり、連邦議会上院の国土安全保障政府問題委員会が特別調査を実施して、二〇一九年十一月にその結果を報告書にまとめて公表しました。

ちなみにこの議会の報告書も中国当局が「千人計画」を使って募集した科学者たちにアメリカなど諸外国の高度技術を盗用の形でも取得し、中国側の軍事、経済に活用することを求め、しかも外国の学者たちの同計画への関与も一切、秘密にすることを命令している、などと伝えていました。

「千人計画」犯罪の具体的な事例

さてレイＦＢＩ長官がこの講演で明らかにした「千人計画」関連の犯罪案件の具体的な事例は以下のようでした。最初のリーバー教授についてはすでにプレストウィッツさんが報告してくれたことと重複します。

《ハーバード大学化学・化学生物学科長の教授チャールズ・リーバーは二〇二〇年六月、「千人計画」への関与を隠した虚偽証言の罪により刑事訴追された。リーバーはハーバード大学とアメリカ国立衛生研究所（ＮＩＨ）に雇用されながら「千人計画」を通じて中国の武漢理工大学でも専属の「戦略科学者」として働いていた。リーバーは「千人計画」から毎月五万ドルの給料や十五万ドルの生活費を得ていたうえ、中国内に専門の研究所を開設するためとしてさらに百五十万ドルの資金を受け取っていた》

この金額の巨大さは驚くべきですね。中国政府はこの種の外国の才能の調達となると、巨額の支出を惜しまないわけです。

さてレイ長官の報告はさらに続きました。

《オクラホマ州のアメリカ石油企業に勤務していた中国人でアメリカ永住権を持つ科学者ホンジン・タオは「千人計画」に加わり、同企業の実際価格十億ドルにも達する高度技術

の秘密を盗んだ容疑で逮捕され、二〇二〇年はじめには有罪が確定した。タオは現在は服役中である》

《テキサス州で研究活動をしていた中国系科学者のシャン・シーはアメリカ側から潜水艦の機能に重要な高度技術製品「シンタクティック・フォーム」（軽量かつ高強度の複合材料によるプラスティック）に関する秘密技術を盗んだ罪で二〇二〇年はじめに有罪が確定した。シーも「千人計画」に応募しており、アメリカの高度技術を「消化」し、「吸収」して中国の国有企業に役立てることを中国側に約束していた》

《中国系技術者のハオ・ザンはつい最近の二〇二〇年六月、複数のアメリカ企業から無線機器の企業秘密技術を盗んだ罪で刑事訴追された。ザンも「千人計画」にかかわっていた。この技術は米側の企業がその開発に二十年もの年月をかけてきた産業機密だった》

《オハイオ州の「クリーブランド・クリニック」で分子医学と循環器病遺伝子学の研究をしていた中国人研究者チン・ワンとアーカンソー大学でアメリカ航空宇宙局（ＮＡＳＡ）関連の研究をしていた中国系科学者サイモンソー・テンアンは二〇二〇年五月、ともに詐欺容疑で逮捕された。二人ともアメリカ側の公的機関から研究資金を受け取りながら、中国の「千人計画」に参加し、その事実を隠していた》

《ジョージア州のエモリー大学の前教授で中国系学者のシャオジァン・リは二〇二〇年五

月、税金の虚偽申告容疑を認めた。「千人計画」から受け取った巨額の収入を申告せず、エモリー大学でアメリカ連邦政府からの五十万ドルの助成金を得てハンチントン病の研究を続けながら、「千人計画」への参加を隠していた》

レイFBI長官は以上のような「千人計画」にかかわるアメリカでの犯罪事例を次々とあげるのでした。これでもか、これでもか、というほどの数の多い摘発例なのです。

しかも注視すべきはこれらの犯罪事例がきわめて新しいことでした。長官の演説が二〇二〇年七月でしたが、事例の報告では同じ年の五月とか六月の逮捕や起訴というケースが多かったのです。ごく最近に摘発された事件ばかりなのです。その最新の事件をいまここで公表し、アメリカだけでなく国際的な注意をも喚起しているのだ、といえます。

その背景にはアメリカ政府の「千人計画」に対する重大な懸念があるわけです。この「計画」が中国政府によるアメリカの高度技術や医学知識の組織的な盗用だとして警戒しているのです。

アメリカの中国への警戒や敵視はここまできたのだともいえましょう。同時に中国が明らかにアメリカに対してここまでの不法な知的財産盗用の活動を高めてきたのだ、とも総括できます。アメリカ政府は明らかに「千人計画」への法的な取り締まりを本格的に始めたということでしょう。

有村議員の「千人計画」に対する問題提起

では日本はどうなのか。

中国は日本に対して「千人計画」の工作を働きかけているのか。この問いに対する答えは明確なイエスです。中国当局が「千人計画」に日本人の学者や研究者が参加したことを認めているのです。

中国共産党中央組織部が二〇〇九年九月に「千人計画」への新たな外国人の学者や研究者二百四人の参加が決まったことを公表し、そのなかに日本からの招致も明記していたのです。

日本の国会でも参議院財政金融委員会の二〇二〇年六月二日の会議で「千人計画」への日本のかかわりについて質疑応答がありました。日本では国政の場で正面から中国の動向を批判的に取り上げるという例がきわめて少ないのですが、アメリカでのこうした動き、さらには中国自体の日本へのあの手この手の攻勢の激しさの前には、日本の国会も真剣にならざるを得ない、ということでしょう。

この問題を提起したのは自民党の有村治子参議院議員でした。有村議員は国際情勢に詳しく、中国の日本への威嚇的な言動に対しては以前からわりに率直に批判を述べてきた政治家です。

その有村治子議員が「千人計画」についてアメリカでの最近の動きをあげて、日本としての懸念を提起し、政府当局に見解を問いました。有村議員の質問はとくに日本の学者が日本を拠点とする安全保障や軍事関連の研究はしてはならないという自粛方針があるのに、「千人計画」に加われば中国の軍事関連の研究に期せずしてかかわるのではないか、という懸念を強調していました。

この背景には日本では日本学術会議という不透明な組織が勝手に「軍事関連の研究は一切、しない」という指令を日本の学者、研究者たちに出しているという実態があります。同じ日本人学者が日本ではしてはならない軍事研究を中国に招かれれば、堂々と実行するというのは、あまりに奇妙な現象です。

しかし有村議員の質問に対して日本政府当局者は「わが政府は日本人学者らの『千人計画』へのかかわりについてはなにも把握していない」と答えただけでした。

アメリカに対して明白な違法の域に入る果敢な情報奪取の活動を展開する中国政府組織への日本人の関与はすでに肝心の中国当局が発表しているのに、日本政府はその実態はなにも知らないというのです。こんな日本政府の対応が適切でないことは明確でしょう。

対中関与政策の終わりが宣言された

さて主題をまたアメリカに戻しますが、アメリカが中国の敵対的な本質と、実際に実行する敵対的な行動や工作を把握して、中国への姿勢を根本的に変えるという流れは、これまで私たち二人が報告してきた事実関係をみれば、ごく自然だといえます。

その結果、アメリカの対中政策が根本から変わるという現象が起きたわけです。この変化はこれまで何回か言及してきましたが、アメリカ歴代政権の中国に対する関与政策がまちがいだとする宣言によって明確になったわけです。

この政策の大転換はトランプ政権時代に起きました。中国をより豊かに、より強くするよう支援すれば、中国はアメリカ主導の国際秩序に入ってくる。国内でも民主化が強くなる。ごく簡単にいえば、この発想から生まれたのが対中関与政策でした。

ところがオバマ政権の終わりごろから、中国はアメリカが望んだような方向には対外的にも国内的にもまったく動いていないことが、いやというほどはっきりと判明しました。そしてトランプ政権の登場で関与政策の終わりが宣言されたのです。

トランプ政権のその対中新政策は同政権が二〇一七年十二月十八日に発表した「国家安全保障戦略」での中国に関する記述に集約されていました。

この記述はこれまでプレストウィッツさんと私が語ってきた「アメリカはなぜ中国を敵視するにいたったのか」という問いへの答えを改めて明記していました。この国家安保戦略は中国をアメリカ主導の国際秩序への最大の挑戦者として特徴づけていたのです。

その内容の骨子は次のようでした。

《中国はインド・太平洋地域でアメリカに取って代わることを意図して、自国の国家主導型経済モデルを国際的に拡大し、地域全体の秩序を中国の好む形に変革しようとしている。中国は自国の野望を他の諸国にも利益をもたらすと宣伝して進めているが、現実にはその動きはインド・太平洋地域の多くの国の主権を圧縮し、中国の覇権を広めることになる》

《ここ数十年にわたりアメリカの対中政策は中国の台頭と既成の国際秩序への参加を支援すれば中国を自由化できるという考え方に基礎をおいてきた。だがこのアメリカの期待とは正反対に中国は他の諸国の主権を侵害するという方法で自国のパワーを拡大してきた。中国は標的とする他の諸国の情報をかつてない規模で取得し、悪用し、自国側の汚職や国民監視をも含む独裁支配システムの要素を国際的に拡散してきた》

以上のようにトランプ政権の基本戦略はこれまで歴代政権の中国への認識や政策が大きな的外れだったことを正面から明記していたのです。アメリカ合衆国の中華人民共和国への基本的な認識のまちがいを宣言した歴史的な政策転換点だったといえるでしょう。
トランプ政権の国家安保戦略はさらにその政策転換の理由として以下を追記していました。
《中国は全世界でもアメリカに次ぐ強力で大規模な軍隊を築いている。その核戦力は拡張し、多様化している。中国の軍事近代化と経済拡張は大きな部分、アメリカの軍事や経済からの収奪の結果である。中国の急速な軍拡の主要目的の一つはアメリカのアジア地域へのアクセスを制限し、中国側に行動の自由を与えることである》
《中国は他の諸国を中国の政治や安保の政策に従わせるために、経済面での報酬や懲罰を使いわけ、秘密の影響力行使工作や軍事力の威嚇をもその手段としている。インフラ投資や貿易戦略は地政学的な野望の手段となっている。南シナ海での中国の拠点の建造とその軍事化は貿易のための自由航行に危険を及ぼし、他の諸国の主権を脅かし、地域の安定を侵害する》
以上のようなアメリカ側の基本認識はその後、政権がトランプ大統領からバイデン大統領へと代わっても、大筋は継承されることになったといえましょう。

第三章

中国国内の真実・弾圧の実態とは

古森義久

共産党独裁国の秘密の扉

国民が権力内部の動きを知る方法がない中国

さあここからは中国の内部について論じましょう。中華人民共和国というのは周知のように共産党独裁の国家です。国民が政権を選び、その統治の内容も透明である自由民主主義の国家とは本質が異なります。だから中国の内部で起きていること、とくに政府が試みていること、その実態を知るのは容易ではありません。

私も中国に二年余り住んでみて、その秘密国家の実態を皮膚感覚で知りました。ごく当然ですが、日本の新聞記者として、つまり報道する立場として中国の政府やその基礎にある共産党の動きをつかむことは非常に難しいことを実感させられる日々でした。

政府も党も権力中枢は秘密の扉に閉ざされています。その動きを少しでも知るにはまず公式発表が入口となります。しかしそこから先に進むことが難しいのです。日本やアメリカのように、政府や議会がその大部分を透明にして、開示しているシステムとは根幹から異なるのです。

だから中国では国家の中枢に位置する国家主席や首相がそもそもどんな方法で、誰によって選ばれるのか、まったくわかりません。政府の重要な政策も同様です。ある日、突然に公式な発表があるだけなのです。しかもその発表も実際の現実を正確に開示しているかどうかは疑問です。

この国家としての不透明は中国の一般国民にとっても同じです。国民が自分たちを統治する権力機構の内部の動きを知る方法がないのです。

この秘密性は中国共産党政権の政策についてまず顕著だといえます。たとえば中国では二〇一五年七月に「国家安全法」という法律が施行されました。「国家分裂、政権転覆などの行為を処罰する」という趣旨とされるこの法律は解釈次第では国内の自由な意見の表明をどのようにでも取り締まることができそうです。実際にこの法律は香港での民主主義的な言動を抑えるための対策の一環でした。

もし日本やアメリカならこの種の重大な意味を持つ新法となれば、事前の政府からの公開の提案があるでしょう。内容の骨子が紹介され、議会や国民レベルでの討論が許されるでしょう。その結果、実際の法律づくりへとつながっていきます。ところが中国では一切、そうした法律や政策の形成過程での情報の開示はありません。

中国の国民にとっても、ある朝、起きてみたら、それまで想像もしなかったような重大な法律が突然できていた、というふうなのです。

中国の軍事となると、秘密性はなおさらです。新しい兵器の調達、新しい戦略の採用、宇宙兵器やサイバー攻撃という新軍事分野の動向など、一般国民にはまったくわかりません。ときどき軍当局からの発表はありますが、建前だけ、表面をなぞるだけという感じです。

私自身も中国での二年余りの体験で、中国の人民解放軍の動向は中国の国内にいると最もわかりにくいとさえ感じました。なぜなら中国の軍事動向は中国の国内で最も開示の情報が少ないからです。公開の場で論じられるということが皆無なのです。むしろアメリカその他の諸国の官民機構が集めて公表する中国軍事関連の情報の方がずっと多いのです。

現代では人工衛星での偵察や中国の軍内部の交信傍受など、いわゆるインテリジェンスが発達して、外部から中国の軍事動向をかなりの程度、把握できるようになりました。私自身は中国の軍事動向は中国の国内ではわからない、という皮肉な現実を現地で認識するにいたったのです。

中国政府のこの秘密性をいやというほど全世界に露呈したのは新型コロナウイルスの感

染でした。二〇一九年十一月ごろに中国の武漢市で発生したこの邪悪な感染症を中国政府は五十日ほども隠蔽したのです。

中国中央の習近平政権も武漢の市当局も武漢で感染性の高い新型コロナウイルスが急速に広がりつつあることを秘密にしました。その事実を少しでも広めようとした現地の医師らを処罰しました。そのうえでそもそも人間には伝染しないウイルスだ、などと虚偽の情報までを政府当局者が流していたのです。

この種の感染症が発生すれば、ふつうの国であれば即時にその情報を開示して、国内から国外に告知します。ただちに感染の広がりを防ぐための措置がとられます。だが中国の場合、武漢市に感染者が満ち満ちていたのに、当局はなおその事実を隠し通しました。そのためウイルス感染者が中国国内の各地だけでなく、世界各地へと、ものすごい人数、出ていったのです。

私は日本とアメリカの両方でその新型コロナウイルス感染の最初の爆発状態を目撃しました。その際、いずれの国でも感染を確認された第一号の患者は武漢から直接に日本へ、そしてアメリカへやってきた人たちでした。中国当局がウイルスに関する情報をもっと早く公開していれば、世界の他の諸国も感染防止の対策をもっと早く、もっと効果的にとれたはずです。中国の国家としての秘密性はこんなところにも大弊害を生むのです。

特定の政治勢力が永遠に政権を保持するために

しかし中国の政権はなぜここまで自国内の出来事、あるいは政権に関する動きを秘密にするのか。二〇二一年にヘリテージ財団が発表した「中国の透明性報告」という長大な報告書が簡潔にその理由を書いていました。

《その理由は第一に中国共産党政権は自己の支配の継続こそが最高至上の目的であり、独裁支配の保持にかなうためにはあらゆる分野の事実やデータを隠し、ゆがめることが最優先されるシステムができていることである》

あまりに単純な分析のようにも響きます。しかし確かに国民の自由意志で政権が選べるとなれば、同一の政治勢力が絶対に交代することなく、無期限に、つまり永遠に権力を独占し続けるということは、考えられません。

しかし中国共産党政権にとって「自己の支配の継続こそが最高至上の目的」という認識はまさに的を射ていると思います。中国への正しい認識を深めるうえでの大前提といえる真実だと思います。この真実は一九八九年六月の天安門事件でも悲劇的な形で立証されました。

天安門広場に集まった民主化を求める多数の国民は明らかに共産党以外の政権を欲する

意思を示しました。それに対して共産党政権は人民解放軍を動員して大量の殺戮という形で弾圧をしたのです。人民解放軍はその名のとおり中国人民を守るための軍隊ということになっています。しかしその軍隊が冷酷にもその人民を虐殺したのです。

その理由は簡単でした。共産党政権がその命令を下したからです。その理由もまた簡単でした。共産党政権はまさに「自己の支配の継続」を最優先事項として求めたからです。つまり自分たちの政権の危機となれば、自国の人民でさえも平然と殺す、ということです。

だから共産党政権はいつでも自己の防御、保護に全力をあげる。しかし永遠の支配の継続はそう容易ではありません。そのためには国民の常時のコントロールが欠かせません。国民に選ぶ権利は与えられないのです。十分な情報も与えられないのです。

国民が政権を選ぶ権限を持っているのか否か。国民が政権を選ぶ際の基礎となる情報を得ているか否か。このへんの原則を改めて考えると、特定の政治勢力が永遠に政権を保持するためには、国民に選ぶ権利や判断の基本となる情報を与えてはならない、という結論になります。だから中国政府は国民の選ぶ権利をいつも抑え、情報を与えないために自分たちのしていることのほとんどを秘密にする、ということでしょう。納得できる理屈です。

無敵のようだった中国経済が不調となってきた

しかし中国の国家としての多様な活動分野でも経済はわりに透明性が高いような印象があります。中国の経済が外国とのかかわりによって大きく発展してきたことが外部に対する情報を自然と開示する結果ともなったからでしょう。

中国当局としても自国の一般経済の状態を秘密にしたまま、というのはかなり無理があります。そもそも経済には国際的な共通の基準、標準があって、各国が自国の経済データを相互に公開しているという側面があります。

とくに中国経済の発展の主要手段となってきた輸出入、つまり貿易は相手がいますから、そう秘密にはできません。そんなこんなで中国に関してはその経済活動は外部世界にもわりにわかりやすいという状態が続いてきたといえます。

中国の経済の発展が驚異的だったことはすでに全世界で認知されています。世界中が大不況に襲われているときでも中国だけはＧＤＰで毎年、二ケタ増の高度成長を保ち、羨望の的になってきました。日本やアメリカの数歩先をすたすたと歩んでいた、という感じです。

中国のＧＤＰは二〇一〇年には日本を追い越し、二〇二二年では日本の四倍にもなっています。

ところが最近は無敵のようだったその中国の経済が不調となってきたのです。二〇二二年七月の中国政府の発表によると、同年四月から六月までのＧＤＰの実質成長率は前年同期にくらべると〇・四％増に過ぎなかったというのです。つまりは前年からほとんど増えていない、ということです。しかも二二年十月の共産党大会の際には毎年、その時期に公表する自国のＧＤＰの伸び率を公表できない、という異常事態が一時、続きました。そのすぐ後に三・九％という、控え目な数字を発表しました。

実は中国の経済成長率は二〇二〇年の四月から六月期には前年比マイナス六・八％という激減でした。これまでの長年の破竹の勢いからは考えられない凋落です。中国政府がこんごの目標として掲げている年間成長率五・五％などという水準に達することは、もう不可能であることが歴然となってきました。

その原因としてはまず新型コロナウイルスへの対策として中国政府が断行した上海などの大都市のロックダウンがあげられます。しかしそれ以外にも労働年齢人口の減少、不動産投資ブームの破綻、個人消費の縮小、電力不足の深刻化など、中国独特の経済・政治体質のほころびも指摘されるようになりました。

米中関係の悪化によりアメリカ側では経済面での中国への依存を減らす、より具体的には中国でのサプライチェーンを減らす、という動きも始まりました。極端にいえば、中国との経済の絆を断つ、つまりディカップリング（切り離し）です。この傾向も中国経済には悪影響を与えることになりそうです。

要するに中国がこれまで外部世界に威力を振るってきた「なにがあっても経済だけは強いのだ」という姿勢も変わってきたといえそうです。

クライド・プレストウィッツ

中国経済の二大特徴

アメリカが大きく後押しした中国のＷＴＯ加盟

中国の国内情勢の把握というのは難しいけれども、超重要ですね。私の場合、中国に長期、住んだことはありませんが、中国の内部の動向についてはまずアメリカ側の政府や民間研究機関の情報を精細に吸収しています。さらに人権問題などでの国際組織が得る中国内部の民主主義や宗教の弾圧状況の情報も貴重です。

私はさらに自分の中国研究のために個人的に何人かの現地事情に詳しい人物に情報収集を依頼しています。中国経験の長いアメリカ人、あるいはアメリカとの関連のある中国人です。中国の内部にいる人たちがほとんどです。しかしそのような人たちへの調査の依頼は中国側からはスパイ活動ともみなされかねない危険があります。

この点、私は十二分に注意を払い、情報を集めるといっても、その範囲はあくまで中国での一般の生活で明らかになる現象や事物の観察としています。また中国の国内からその種の報告を私が直接に受けることは、それ自体なにも違法な点はないにせよ、無用な誤解を避けるために、差し控えています。中国というのはそれほど特殊な国家だということですね。

中国経済についてですが、私は国際問題の研究者でも、とくにエコノミストの部分が大きいだけに、中国の経済のあり方に対しては古くから、かなり専門的に考察してきました。確かに現時点では世界に冠たる高度成長の中国経済も停滞をみせ、大きな曲がり角にきたことはまちがいないですね。

中国経済は一見、市場経済のようにみえて市場経済ではない。構造的にきわめて特殊なのです。その特殊な構造には本来、深い闇とか大きな矛盾とかがあるといえます。

しかしアメリカや日本など外部世界との相互支援により、そんな矛盾部分を乗り越えて、それこそ破竹の勢いで高度成長を果たしてきました。その大躍進がいま一つの大きな壁にぶつかりつつあるという現実は否定できないでしょう。

二十一世紀に入ってからの中国経済の主要なエンジンは輸出と外国からの投資でした。外国の大企業、多国籍企業が生産拠点を中国に開き、工業製品を製造し、輸出に回す。同時に中国の国内な巨大市場でもその外国企業の製品が大量に流通され、消費される。その巨大な利得が中国経済、そして一般国民の経済生活に還元される。

中国独自の経済基盤がほとんどない状態から外国とのかかわりで国内経済も飛躍的に発展するというメカニズムだったのです。

中国のこの輸出主導の高度成長は中国が二〇〇一年に世界貿易機関（ＷＴＯ）に加盟して以降、さらに飛躍的な拡大を果たすわけです。この中国のＷＴＯ加盟ではアメリカが大きな役割を果たしました。

中国が貿易を拡大し、豊かになり、グローバリゼーションの輪に加われば、アメリカ主導の国際社会のふつうの一員になるだろう、というのがアメリカ側の期待でした。そして中国は対外的にも協調的な国家になるだろう、という考え方でした。結果としてこの考えはまちがいだったと判明するわけですが。

中国経済が改革開放の大方針で市場経済的な方向へ動き始めた当初は、中国当局は日本とシンガポールが成功をおさめた産業政策を模倣したといえます。鄧小平がよく「日本に学べ」といってましたね。この産業政策とは政府と企業が一体になって経済運営を進め、とくに国内の特定産業を強くするために国が全面支援するという政策です。官民一体というわけです。

この方式は完全な市場経済ではなく国家の管理がたぶんに入っている。特定産業には政府が補助金を出し、税制面で優遇し、しかも競争相手となる外国企業の製品が国内に入ってこないようにする。そんな原型の経済です。日本もシンガポールも一九六〇年代、七〇年代にこの政策で大成功しました。

中国も国家が強い力を発揮するこの産業政策を推進しました。日本やシンガポールの成功例から多くを採用しようと努めました。ただし日本とシンガポールの違いは外国からの直接投資に対してでした。

日本政府は外国企業が日本国内に生産、製造の拠点を開設することを当初は極端に嫌いました。シンガポールはその逆です。中国はこの点、シンガポール・モデルに従ったわけです。

ファーウェイという実質上の国営企業

中国経済のもう一つの特徴は国有企業、国営企業の役割の強大さです。中国は本来、共産主義を掲げる国家であり、経済ももともとはすべて国家の管理です。つまりソ連のような国家計画経済、管理経済だったわけです。それが改革開放策で市場経済的な要素を強めていった。その過程では国家機関である国営企業、国有企業が主役を果たしました。

国営企業は文字どおり国が企業を所有するだけでなく経営までを受け持つ。国有企業は資本や資産は国家に属していても経営は必ずしも国家任せではない、という区分です。

二〇〇四年という時点では中国の企業のうち金融関係以外では全体の七〇%が国有企業でした。金融、財政の分野では国有企業が圧倒的に多かったのです。しかしいまでは統計上では非金融分野の国有企業の比率は全体の三〇%近くにまで縮小しました。中国政府としては市場経済の拡大、民営化の前進として誇れる数字です。

しかし重要な産業分野となると実態はまるで異なります。二〇一〇年代のやや古い資料ですが、情報通信、コンピューター・サービス、ソフトウェアなどの分野の企業は九六%が国有、ガスや電力、水道など八三%が国有企業だとされていました。やはり国有企業の役割は巨大なのです。

国有企業の役割というのは結局は共産党の役割ということです。しかも共産党の役割や影響力は中国の大企業が全般に、国有か非国有かにかかわらず、浸透しています。

このところ世界の各地で問題を引き起こした巨大電気通信企業のファーウェイ（華為技術）は中国側の区分では国有企業ではなく民間企業とされています。しかしこの国有民間の区分の線が明確には引けないのです。ファーウェイの創設者兼現在の最高経営者、任正非氏は人民解放軍の元将校です。共産党上層部との年来の密接な絆があります。

しかも企業としてのファーウェイは中国政府からの巨額の補助金を受け、税制面などでも各種の特別な優遇措置を受けてきました。通常の業務も人民解放軍との共同の活動も多いのです。実質上の国営企業といえるでしょう。

古森義久

中国共産党・マネジメントの実態

実力主義に基づく優秀な才能の持ち主の集団

国有とか国営という概念はつまりは中国政府、そして中国共産党の意思が一見、民間の自由な需要と供給の原理で動く市場経済ともみえる中国の経済メカニズムでは強く働いているということですね。周知のように中国の一定規模以上の企業にはほぼすべて内部に共産党の委員会というのが存在します。

あるいはどんな企業でもその内部に共産党員が三人以上いれば、その企業自体に共産党委員会を結成しなければいけないのだともいわれています。その委員会の書記がその企業の社長や会長よりも強い権限を持つことになります。この規定はアメリカや日本の企業が中国で生産施設を開設しても同様に適用されるそうです。

中国政府は外国資本の投資に関して中国の内部で活動を始める際は必ず中国側との合弁

企業にすることを義務づけています。しかも中国側の出資が少しだけでも多いことを求められます。そのうえに誕生した合弁企業には中国共産党の委員会と書記とが存在して指令を発揮できる構造となっています。他の一般諸国では考えられない仕組みです。

ここで中国における共産党の実態に光を当てましょう。中国といえば、共産党です。中華人民共和国という超大国の主権国家は中国共産党あっての国だとされています。

中国の憲法でも中国という国家は中国共産党の指導によって動かされると明記しています。人民解放軍も国家の軍隊である前に共産党の軍隊とされています。

中華人民共和国の約十四億人の全国民はいま合計九千二百万とされる共産党員によって指導されているのです。支配と呼ぶ方が正確です。国家の機能を動かすのはすべて共産党です。国家の機能のあり方も共産党の命令と理念に沿っています。

中国共産党は一九二一年七月に結党されました。昨年二〇二一年がちょうど結党百周年でした。その苦難と栄光の歴史はすでに広く知られています。

ソ連共産党の国際部といえるコミンテルンによって結成されたという誕生部分は日本共産党と同じですが、中国共産党はその本来の使命である共産主義革命を見事に達成しました。

共産党の軍隊は第二次大戦前は中国を統治していた国民党政権と戦い、そして日本軍とも戦いました。第二次大戦後は国民党政権を破って台湾に追いやり、一九四九年十月一日に中華人民共和国の建国を宣言しました。革命の達成です。

中国共産党が国を治める基本の政治理念は当然ながら共産主義、つまりマルクス・レーニン主義です。共産党が人民の代表として全権を握り、その支配への挑戦は許しません。

私が中国に駐在した二年余りの間でもこの共産党政権の独裁の苛酷さを目撃しました。一度は中国内部で共産主義に同調しない民主活動家たちが中国民主党を結党すると宣言したときです。その日のうちにその活動家たちは逮捕され、首謀者は懲役十四年という厳罰を受けました。

もう一度は気功集団の法輪功への大弾圧です。気功というのはいくらかの宗教的な要素を加えた心身鍛錬の健康法だといえます。その気功を推進する法輪功という集団が中国の民間で大人気を呼び、一時は全土で七千万もの会員ができたとされました。この法輪功に中国共産党の時の江沢民政権が大弾圧を加えたのです。

江政権は法輪功を邪教と断じて、その会員、信徒を大量に逮捕し、裁判などはまったく経ずに長期の拘留に処しました。死刑もかなりの数あったと伝えられました。この弾圧は現在にいたるまで二十年も続いているのです。

共産党政権とすれば、法輪功はまず宗教色のある集団であることが許せないのでしょうが、それにしてもその弾圧の苛酷さは近代国家の政府とは思えないほど徹底的でした。

共産党員は中国の文字どおりのエリートです。党員になるには厳しい審査があり、その基準はかなり客観的、つまり実力主義のシステムができているようです。つまりいまの中国社会では最も優秀な人間が共産党に入る、徴募される、という感じなのです。むろん党員としての特権の部分に個人的な腐敗とか縁故とかはあるでしょう。しかし全体として共産党には優秀な才能の持ち主たちが集められている印象は強かったです。

中国社会の個々人の間で誰が共産党員で、誰がそうではないのか、これは微妙な問題です。共産党員の公開名簿などというのは存在しません。だからかなりの部分、誰が党員であるかは秘密なのでしょう。だがその一方、政府の要職などにいる人物たちは当然ながら自分が共産党員であることは公然と認めていました。

「日本の国会に相当」という説明は間違い

共産党は五年に一回、全国代表大会と呼ばれる総会を開き、トップの人事など最重要事項を決めます。いわゆる党大会です。二〇二二年はちょうどその開催年となっており、十月十六日からのその大会が北京で開催されました。その場で習近平共産党総書記・国家主席が異例の三期目へと留任することが発表されたわけです。

国家主席の任期は本来、一期五年、最長二期十年とされてきました。しかし習政権下ではこの従来の任期を廃止する決定が下されたのです。というよりは習氏自身が推進した決定だといえましょう。その結果、習氏は理論的には終身の国家主席、つまり無期限の最高指導者となってしまったのです。

この会議では胡錦濤前国家主席が無理やりに場外に連れ出されました。明らかに習独裁の強化に反対したからでしょう。

習近平氏はいまの共産党の思想としては習近平思想というのを強調しています。年来、中国共産党の指導思想としてはマルクス・レーニン主義、毛沢東思想、鄧小平理論、三つの代表（共産党の前進のための生産など三種の力）、科学的発展観と、五種が掲げられていました。

ところが習近平政権は二〇一八年に「新時代における中国の特色ある社会主義思想」を加え、それを習近平思想と呼びました。この追加の思想は憲法にも記されました。

さて共産党の最高決定機関が五年に一度の全国代表大会だとしても、そこで提起され、決定される事項はみな事前に秘密裡に決められています。だから習近平氏が中国の歴史でも毛沢東以来、初めての十年を越える任期の党首脳・国家主席となっても、そんな重大な措置をいったい誰がどのように決めたのかは、外部にはまったくわからないのです。

中国は秘密国家なのです。ふつうの民主主義国家ならば行政、立法、司法という三権が分立し、おたがいに監視、監督をします。

アメリカでよく明示されるチェック・アンド・バランスという民主主義の基本構造ですね。

しかし中国は政府の上に共産党が屹立しており、立法も司法も共産党の支配下にあるのです。だから中国には三権分立はありません。

中国の政権下の組織で日本などでもよく伝えられる全国人民代表大会というのがあります。漢字の略称では「全人代」と呼ばれます。この大会は毎年一度、開かれます。参加者は中国各地からの異なった分野の代表たちです。この大会では中国政府が実施する政策や予算が決められます。だから全人代は中国の立法機関に近いともいえます。

ところが日本のメディアなどはこの全国人民代表大会を評して「日本の国会に相当」という説明をつけています。しかしこの説明はまちがいです。日本の国会の議員たちはみな自由な選挙で国民から選ばれた人たちです。一方、中国の全人代の参加者は共産党が選んで推薦した人物たちなのです。だからふつうの意味の国会ではありません。このへんも独裁国家としての中国の異色な点です。

クライド・プレストウィッツ

一枚岩の強大な組織

世界で最強の力を持つ個人は中国共産党の総書記

中国共産党というのはいまや世界でも稀な、国家のすべての権力や権限が一極に集中した単一の政治機構です。共産党は文字どおり中国のすべてを支配しています。いま世界で最強の力を持つ個人は誰かと問われれば、ためらいなく中国共産党の総書記だと私は答えます。

アメリカの大統領にくらべても一人であまりに強大な権限を独占しているからです。しかも総書記はすべての行政機構、地方の都市や省、さらには人民解放軍に対する最高権限を掌握しています。

しかも中国共産党の独裁支配は期限がありません。永遠の統治、しかもその統治のための機能や手段はほとんどが秘密にされています。

中国共産党幹部で国務委員まで務めた外交官出身の知識人、戴秉国氏が中国共産党研究で有名なオーストラリア人学者リチャード・マクレゴー氏に率直に語った言葉が記録されています。

《中国の最大の核心利益はいまの政治システムと国家安全保障とを保つことだ。国家主権、領土保全、経済発展などはどの国家にとっても最重要とされるだろうが、中国にとっては共産党統治の継続こそが最重要なのだ》

自分たちの権力独占を無期限に続けていく、ということです。共産党はそのために政府を前面に出す。軍も自主性をもって動くようにもみえる。しかしすべては共産党が真の主役なのです。

アメリカでいえば、一人の人間が連邦議会上下両院の議員、各州の知事、陸海空軍の司令官、裁判所の判事、警察の長官、主要大学の学長、主要企業の経営陣、主要メディアの経営陣などをすべて任命し、意のままに命令できるということです。大統領さえそんなことはまったくできません。だが中国共産党首脳部はそれをいつも実行しているのです。想像もつかないほど強大な権限です。

アメリカ側でも中国に進出した大企業のトップたちはみなこの現実を知っています。中国の国内での経済活動はすべて共産党当局が左右できる権限を握っているのです。共産党の権限は法律の規定にも優先します。だからアメリカ企業は中国ではとにかく共産党中枢のご機嫌をとるのです。同じアメリカ企業も日本やヨーロッパで活動する場合には決してそんな動きはとりません。

中国共産党の組織は強固です。総書記に直結する中央委員会中央政治局の中枢の常務委員会というのが最高司令塔です。この常務委員会は習近平総書記をはじめとして合計七人、まさにトップなわけです。その中央政治局はトップの七人を加えて二十五人のメンバーから成っています。

以下、各組織の人数は私が著書『逆転する世界』を書く時に調べた二〇二一年時点の実態ですから、その後の変動はある程度、あったでしょう。とくに二〇二二年十月の共産党大会での新決定後には変化がありました。しかしそのへんを踏まえて、二一年の時点での実情でいくと、中央委員会が三百七十一人、この中央委員会から選ばれて少数のメンバーにより組織され、常務委員会に直接に報告をする機関として中央規律検査委員会が存在します。

共産党中央委員会の指揮下にあって、同委員会への報告を義務づけられているのは三十一の各省共産党委員会、六百六十五の各市同委員会、二千四百八十七の郡委員会、四万千八百三十八の町委員会、七十八万の村委員会です。まさに一極集中、一党独裁の極致なのです。

共産党中枢には主要な六部門の機関があります。中央組織部、中央宣伝部、中央統一戦線工作部、中央弁公庁、中央政法委員会、中央対外連絡局です。これらはいずれも党の最高部に直結しています。そのほか同列あるいは、やや離れた党中央組織として経済問題、国内治安、地方行政、政治宣伝、台湾問題、外交問題、国家安全保障などをそれぞれ専門とする部門が存在します。

どこにも表示がない中央組織部の建物

この厳格な一極集中支配の組織は共産主義の始祖の一人、レーニンがみても喜ぶことでしょう。共産主義の統治でもレーニン主義というのは政治面での独裁支配を徹底する思想です。これに対してマルクス主義は主として経済面を律するイデオロギーですから、いまの中国共産党はレーニン主義には絶対に忠実であっても、マルクス主義にはそれほどではない、といえるかもしれません。

共産党はこの強烈な一極集中のパワーにもかかわらず、日ごろは表面には出ない傾向が強いです。表面には党の命令を受けた政府、つまり行政機構が出ればよいわけです。この点はやはり共産党の秘密体質といえましょう。こんな実例があります。

共産党の中央直属機関でも最も強大な権限を持つ中央組織部の建物は北京の天安門広場からほんの数百メートルのところにあります。この部門は共産党全体の人事をしきっています。だからその権力の強さは共産党の多様な機関のなかでも傑出しています。でもそんな超重要な機関でもその建物を発見することはきわめて難しいのです。それほど一般の目から隠されているのです。

しかし中央組織部は中国共産党の中堅以上の全党員を常時、監査しています。膨大な数の党員の政治的信頼度、職務遂行度、私的生活などをチェックしています。そして次の人事を決めていくのです。だから中国全体でも究極的に最重要級の役割を果たす機関です。

だがその建物の外見にはなんの特徴もありません。正面にもどこにも表示がありません。前や横を通っても、なんのビルだかわからないのです。ちなみに中央組織部の公表された代表電話番号に電話をかけてみても、「組織に関する問題は地元の担当部局にご相談ください」という録音メッセージが聞こえてくるだけです。インターネットで組織部のウェブサイトをみても、同様のメッセージがそっけなく記載されているだけです。

さきほど触れたオーストラリア人の中国研究学者マクレゴー氏が中央組織部の当事者に非公式にその点について質問したことがあるそうです。その当事者の答えは以下のようだったとのことです。

《政府機関は一般人民と直接に接するから建物の前面にはみな機関名を明記した表示板を掲げている。だがわれわれ党機関は党員と接するだけだ。その党員はわれわれがどこに所在しているか、みな知っている。ちょうどふつうの人間がみな自分の両親がどこにいるかを知っているようなものだ》

野望追求のための国内の弾圧

いまの習近平国家主席はこの一枚岩の強大な共産党組織をフルに動員して「中国の夢」とか「中華民族の偉大な復興」という野心的な標語の下に国内の結束を固め、中国の勢威を全世界的に広めようとしているのです。その野望と権力は中国のかつての王朝の皇帝をも連想させます。共産党独裁下の新たな中華帝国の出現ともいえるのです。

しかしこの「帝国」はきわめて現代的かつ未来志向でもあります。習近平主席が打ち出した「中国製造2025」というハイテク構想がそれを象徴しています。この構想は周知のように航空機、半導体、電気通信、人工知能、生物工学というこれからの最先端の技術の分野で中国こそが二〇二五年までに世界の先頭に立つというシナリオです。

その背景には中国がアメリカをも追い越して世界第一の超大国を目指すという明白な野望が浮かんでいます。習近平政権は現代の高度技術の世界制覇を目指す新中華帝国ともいえるのです。

習近平政権はこうした野望の追求のために中国の国内の団結を共産党支配下で堅固に保つことを不可欠とみなすわけです。同時に台湾、香港、チベット、ウイグルなどの中国化の完結を急ぐことになります。ただしこの「中国化」という作業には国際基準からみての国民に対する弾圧や抑圧がつきまといます。

習政権の国内での弾圧の顕著な実例としてチベットをみてみましょう。

チベットは長い歴史の上で明らかに中国とは別個の国家、民族でした。清朝時代は朝貢国に近い時もあったけれど、基本は独立国でした。清朝崩壊の後はチベットは公式に独立を宣言しました。しかし一九五九年ごろから中国はチベットへの侵略を開始しました。チベットの最高宗教指導者のダライ・ラマはインドへと亡命しました。

その後、中国はチベットの中国共産党化、中国の最多数民族である漢民族化を一貫して図っています。チベット人から言語、宗教、文化、歴史を奪おうとする弾圧です。中国共産党政権による少数民族への弾圧はいま全世界の非難の的になっています。弾圧されるのはチベット人以外にウイグル人、そして内モンゴルにいるモンゴル人などです。

古森義久

弾圧されるチベットの真実

チベットからの仏教の除去は難しい

少数民族への組織的な弾圧というのも中国共産党政権の特徴ですね。その弾圧の対象の一つ、チベット人については私自身、独特の強い思い入れがあります。チベットを実際に十日間ほど訪れ、現地の様子を実際に目撃したからです。

中国政府はチベットに対して古くから同化政策と称して、チベット人に本来のアイデンティティー（自己認識）を捨てさせる政策を進めてきました。無神論の共産主義の政権にとって宗教は認められません。だからチベット人に対しては彼らの深い信仰心を否定する。その信仰の対象であるダライ・ラマ十四世への祈りを禁じる。

一方、中国共産党はチベット自治区に漢民族の中国人をどんどん移住させ、チベット人を希薄にしてきました。共産党の教え、中華人民共和国の理念をチベット人に植えつけ、本来のチベット語の使用を制限する。こんな政治工作を一貫して進めてきたわけです。

現在、中国の領内に住むチベット人は合計五百五十万人ほどだとされています。その大多数がチベット自治区内にいるわけです。そのチベット人に対する工作は仕掛けられる側からすれば人権の侵害、自由の剝奪、ひいては民族のルーツの抹殺ともなります。

私はチベットのこんな苦境を現地で目撃しました。古い話ですが、一九九九年六月、北京駐在だった私は中国政府のチベット取材旅行に招かれ、他の外国人記者たち数人とともにチベットを訪れて、十日ほど滞在したのです。貴重な体験でした。

この旅行には当然、中国政府外務省で外国人記者を管理する任務の職員が三、四人同行していました。通訳と称して記者団側が勝手な行動をとらないように監視するのです。だがそれでもなお十日間も滞在して、チベットの人たちが多数いる市場や寺院や広場などを歩き回れば、中国政府によるチベット人に対する無理やりの「中国化」の厳しさ、難しさもよく理解できました。

チベット自治区の首都ラサに着き、映画などで広く知られているポタラ宮に入り、さらに市街を歩いて住民たちをみると、まずこの地が北京や上海とは異なる異郷の「国」のように映りました。とにかく中国とはまず人間が外見でも挙措でもまったく違うのです。

中国政府が計画した訪問旅行ですから、私たち記者団は中国化の進む活動を多数、見学させられました。中国語で中国の教科書を使って教える小学校、中国社会の女性の進出を学ぶとされる婦人集会、上海などの株式市場と連結した証券取引所など、中国になっているのだ、という印象を強調する場面を連日、みせられました。

だがそれでもこの中国化が円滑に進んではいないことは歴然としていました。中国当局が公開の場では禁じているダライ・ラマの肖像写真がまだまだ残っていました。記者団に連行した外務省の職員が市場の人込みのなかで「ダライ・ラマの肖像はもう一般家庭ではほとんど飾らなくなりました」と英語で説明すると、その直後に明らかにチベット人とみえる若者がそっと寄ってきて、「それはウソですよ」とささやくのです。

首都ラサではチベット仏教の総本山とされる八角形三層のジョカン寺を見学しました。週日の午前だったのにこの寺に集まる人たちの数と熱気に圧倒されました。寺の正面の石畳では数百人の男女が体全体を前方に投げ出して祈る「五体投地」をわき目も振らずに繰り返していました。寺の内部では回廊は身動きもできないほどの信徒の列でした。ダライ・ラマへの信仰を示す人たちでした。ところがそのダライ・ラマは中国政府からは「国家分裂者」と迫害され、国外に亡命中なのです。

私たちはラサから八百キロも離れたチベット第二の都市、といっても小さな町ですが、シガツェというところまで旅しました。その間、通ったほぼすべての集落に赤、青、黄など五色の流しを束ねた旗が屋根に掲げられているのをみました。「金帆」と呼ばれる祈りの旗で、仏教信仰、ダライ・ラマ礼拝のシンボルだと聞かされました。

チベットの宗教を否定し、共産党の価値観に同化させるという当局の方針がいかに無理難題かを思わされました。同行の政府職員たちからは共産党員になったというチベット人を何人も紹介されました。

そういう人たちは「私は共産党員だから仏教徒ではない。党員は家でもダライ・ラマの像は飾らないのです」と話していました。しかしチベットからの仏教の除去がいかに難しいか、さんざんに実感させられたわけです。

それからいやというほど目についたのは治安維持のための人民武装警察の駐屯所の多さでした。ラサの市内でも、ラサからシガツェの道路沿いでも、いたるところに人民武装警察の小基地がありました。やはり当局はチベット人の反抗を抑えるのに武力の必要を実感しているという印象でした。

アメリカによる「チベット政策支援法」

しかしそれでも中国共産党はチベットの中国化を核心利益とまで呼んで重視し、強引に進めてきたわけです。それに対してチベット側はウイグル人たちのように武装蜂起はほとんどできず、僧侶による焼死自殺などで抵抗しました。そんななかでついに実力に訴えてもという形の抵抗が二〇〇八年三月に起きました。チベット動乱ともチベット蜂起とも呼ばれた衝突事件です。

インドに本拠をおくチベット亡命政府は同三月から四月にかけて、チベット自治区と隣接の四川省のチベット人居住地区で合わせて二〇三人の死者が出たと発表しました。中国当局は死者二十二人とし、逮捕者は一千人近いと述べました。いずれにしてもチベットの歴史では最大級の武力抵抗でした。

中国のチベット抑圧はその後も変わらず、トランプ政権も中国への抗議を続けました。同政権はロバート・デストロ国務次官補をチベット問題特別調整官に任命してチベットへの支援と中国への抗議を継続しました。二〇二〇年十一月にはチベット亡命政権のロブサン・センゲ首相を初めてホワイトハウスに招き、チベット側への支援の姿勢を示しました。

バイデン政権になっても中国のチベット人弾圧に抗議し、ダライ・ラマを支援する態度は変わっていません。

この間、チベット問題で一貫して活発なのはアメリカ議会でした。民主、共和両党の有力議員が中国のチベット人のルーツ抹消の動きに激しい反対を表明してきました。中国制裁の決議を何回も採択しています。

そして二〇二〇年末には上下両院が「チベット政策支援法」を成立させました。同法はチベット人の人権や宗教への中国共産党政権の無神論に基づく組織的な抑圧に抗議し、アメリカとしてはチベット人の自由への支援を与えることを言明していました。同時にこの法律はダライ・ラマの後継の宗教指導者を選ぶプロセスに中国政府が介入することに明確な反対を表明していました。

この間、私の記憶に強く残っているのは有名な映画俳優のリチャード・ギア氏のチベット擁護の議会証言です。同氏は古くからチベット人の仏教や人権を守る国際活動の中心人物となってきました。

そのギア氏の二〇一五年七月のチベット問題での議会証言を再録しておきましょう。二〇二二年のいまも中国政府の弾圧の本質を衝く言葉として価値があると思える内容なのです。

《ダライ・ラマはこの七月六日に八十歳の誕生日を迎えました。チベット人みながその誕生日を心から祝いたいと願った。しかし中国当局はその種の活動のすべてを禁止しました。中国政府はダライ・ラマを邪悪な存在とみなし、抑圧を続けているのです。だがチベット人たちのダライ・ラマ祝賀の広範な動きを抑えることはできませんでした》

《中国共産党はチベット人の宗教、言論、結社の自由を奪い、少しでも服従しない人間を根拠のない刑法違反の口実で逮捕し、長期、拘束しています。拷問や虐待も多く、体力を失った人間は早期に解放されますが、中国当局が獄中での死者の数を少なくすることを企図しているからです》

《チベットでは中国の弾圧に抗議して、二〇〇九年以来、少なくとも合計百四十人の僧侶らが焼身自殺をしました。中国共産党はチベット人の宗教的、文化的アイデンティティーを「ダライ一派の国家分裂活動」だとして弾圧するのです。この行為は中国政府自身が調印した世界人権宣言や自国の憲法自体にも違反しています》

有名俳優の演技ではないこんな証言からは中国の横暴を衝く抗議の真実が感じられたものでした。

クライド・プレストウィッツ

ウイグル人に対する非人道的弾圧

ウイグル人の人間改造を強制

中国共産党の人権弾圧といえば、ウイグル人に対する措置もきわめて非人道的ですね。いまの中華人民共和国内の新疆ウイグル地区に年来、住むウイグル民族合計千二百万人ほどに対して、中国政府はチベットに対するのと同様に、漢民族化、中国化を図るわけです。そのためにウイグル人のイスラム教への信仰を抑え、言語や風習、文化などもすべて変えようとしています。

ウイグル民族は本来、中国の一部ではなく現在の中国の新疆ウイグル自治区の地域を中心に東トルキスタン共和国という独立国家を形成していました。ところが中国が一九五〇年に軍事攻撃をかけて、併合してしまったのです。以来、ウイグル人の間での独立の回復を求める動きはイスラム信仰の堅持の姿勢とあいまって、中国当局には問題を突きつけてきました。

しかもイスラム教徒はチベットの仏教徒と異なり、宗教運動や抵抗活動には強い国際的連帯もありますから、中国にとっては手ごわい相手です。

中国はこれまでウイグル人の中国化のための改造工作を続けてきたのですが、その方法が近年、過激となりました。数十万、あるいは百万という単位のウイグル人を「政治教育」と称して、強制収容所に入れて洗脳する。簡単にいえば、それまでの自分自身をすべて否定する人間改造を強制するのです。

国務省・人権問題担当大使による中国への抗議

国連人権高等弁務官事務所も遅まきながら二〇二二年八月末に中国新疆ウイグル自治区での人権侵害についての報告書を発表し、中国に対して非人道的な行為を止めるように警告しました。報告書は控え目に「テロや過激派対策の名目で深刻な人権侵害が実施されている」と述べていました。

だがすでにアメリカの政府も議会も中国のウイグル人に対する迫害はジェノサイド（体系的な大量虐殺）だと断じています。トランプ政権ではマイク・ペンス副大統領が二〇一八年十月の演説で次のように述べました。

《新疆では中国共産党はイスラム系ウイグル人を百万人にも達するほど強制収容所に拘束し、昼夜を問わない洗脳を課している。その強制収容に生き残った人たちは自分たちの体験を、北京政府がウイグルの文化を絞め殺し、イスラムの信仰を踏みにじる意図的な試みだと描写している》

ペンス副大統領はアメリカ政府としてこの中国の行為に断固として抗議し、その阻止のためには制裁措置をもとる方針を表明しました。

だがトランプ政権はウイグル人への弾圧に対してペンス演説の以前から強硬な対中姿勢を明示していました。その代表例は二〇一八年七月末の国務省の人権問題担当のケリー・カリー大使による中国政府への抗議の証言でした。

カリー大使は議会の公聴会で次の要旨を証言していました。

《中国政府は二〇一七年四月ごろから新疆ウイグル地区でのウイグル人への中国化を強め、同地区内に多数の強制収容所を新たに設けて、これまでに合計八十万、あるいは百万人にも達するイスラム系住民を強制的に拘束してきた》

《強制収容所ではイスラム教への信仰、ウイグル語の保持、男性のひげ、女性のベール着用などウイグル人としてのアイデンティティーを放棄させ、無宗教の共産主義思想を信奉させる洗脳作業が強行されている。ウイグル女性への強制的不妊手術も多い》

《共産党政権に批判的な言動をとるウイグル人は正規の法的手続きを経ずに逮捕され、拘束され、厳しい尋問や拷問にかけられるケースが多い。強制収容所での拘束以外にも数万単位の住民が連行されて、行方不明の状態となっている》

《中国政府はウイグル人弾圧の理由として「イスラム過激派のテロ対策」などをあげるが、実際には大規模なインフラ建設構想の「一帯一路」の推進にあたり、陸路の出発点となる新疆ウイグル地区の完全な中国化を図るという動機があるようだ》

この証言で興味深いのは中国政府が新疆ウイグル地区を「一帯一路」の出発地域としてとくに重視して、徹底的なウイグル民族の骨抜きを図っている、という指摘です。

さて中国政府のウイグル人弾圧でとくに注意を向けるべきは当局がその弾圧の効率をよくする手段として高度技術を駆使しているという事実です。しかもその高度技術は米欧から輸入された事例が多いのです。

たとえば新疆ウイグル地区の警察官や人民武装警察の将兵は疑惑を抱かせるウイグル人の監視ではスマートフォンにアンドロイドでの種々のアプリを乗せて、他者のスマートフォンを通じて、その動向を詳しく知ることができるそうです。

だれかがそれまで使っていたスマホを使わなくなった場合、自動車に必要なガソリン購入に急変があった場合、あるいは自宅に帰る際に正面のドアから入っていた習慣を急に改め、裏口から入るようになった場合など、監視側はキャッチできるそうです。

古森義久

高度テクノロジーによる超監視社会

弾圧に際し、中国当局が最新の機器を使っている

ウイグル人への弾圧で中国当局が最新の機器を使っているという情報は、アメリカの公的機関からも報告されていますね。アメリカ側の政府、議会合同の調査機関「中国に関する議会・政府委員会」の二〇一八年度の年次報告書にそのことが記されていました。

同報告書は中国の人権、社会の現状についての三百数十ページの記述のなかで「新疆ウイグル自治区での少数民族に対する前例のない迫害」と題して、ウイグル人の弾圧を最大課題として取り上げていました。

同報告書は同委員会の共同委員長の上院マルコ・ルビオ議員、下院マーク・スミス議員が中国の各種の人権弾圧のなかでもウイグル人弾圧をとくに取り上げて「近代の世界の歴

史でも第二次世界大戦以来、最大の特定民族の強制収容行為」と特徴づけていました。

同年次報告書はそのなかで中国当局のウイグル人弾圧の手法について以下のような技術の機器が使われていると指摘していたのです。

- ●GPS（全地球位置測定方式）での個人の所在探知
- ●顔面認証
- ●声紋鑑定
- ●高性能ビデオカメラでの個人家庭内の宗教信仰監視
- ●遺伝子（DNA）での個人認定

以上のような最新の機器や装置はアメリカ製も多いそうです。だからルビオ上院議員は結果としてアメリカのハイテク企業が中国政府の国内弾圧に加担していると、非難していました。

しかし、中国当局がハイテク手段を使って抑圧や監視、検閲などを実施する相手はウイグル人だけではないのです。

自国内で国民を監視、抑圧するためにハイテクをフル活用

一般国民を対象とする政府当局の措置でハイテク機材がフルに使われていることは、二〇二一年にヘリテージ財団が発表した「中国の透明性報告」でも警告をこめて指摘されていました。

次のような指摘でした。

《中国共産党政権は自国民の不穏とみなす言動の監視に高度テクノロジーを豊富に使っている。そのなかには人工知能、情報テクノロジー、量子コンピューター、自走車両、その他の高度技術が含まれる》

《中国の国家資源は明らかに、国家の秘密の「ブラック予算」からこれら国民監視用のテクノロジーの調達や開発へと巨額が投入されている。そのための経費を具体的につかむことは難しいが公表部分からの推定でも巨額であることは確実である》

《国民の監視、抑圧の具体的な手段としては社会信用システム（国民個人の監視システム）、大規模カメラ監視、顔面認証、防火長城（金盾とも呼ばれる巨大なインターネット検閲システム）などがある。これらテクノロジーの自国側での研究開発は公安省や国家安全省の隠された予算で推進されたのだろう》

中国での「社会信用システム」とは中国政府が進めている全国民対象に個々人の公務、商業、社会、司法など生活の各分野での動きを記録していく制度です。結局、それぞれの国民がどんな言動をとっているか、とくに政権に対してどんな態度をとっているのか、を人工知能まで使って、政府が掌握しようとする管理、監視のツールです。

「防火長城」とは中国政府が構築した国内のインターネットへの監視や検閲のシステムですね。中国の国民が外国のサイトから情報を得る場合や、外国から中国への通信を送る場合など、政府が妨害も監視もできる効率のよい巨大システムとされています。

中国では種々の高度テクノロジーは経済全般の向上のためや、軍事力の強化のためだけでなく、自国内で国民を監視、抑圧するためにフルに利用していることがよくわかるといえましょう。つまり中国共産党の独裁支配にはテクノロジーでの国民の常時の監視が欠かせないというわけです。まさに異端の大国ですね。

クライド・プレストウィッツ

国防費より多い国内治安維持費

中国の政権にとって最大の敵は中国の国民

中国は高度技術をまずなによりも自国の国民の監視のために使っている、と描写するほうが正確かもしれません。なにしろ中国政府は公開の国家予算でも国防費よりも国内治安維持のための支出のほうが多いのです。この点は中国という特殊な国の理解、そしてその特殊な国とどう対峙していくのか、を考えるうえで、とくに重要です。

二〇一七年の中国側の統計によると、国内治安維持のために使う予算がドル換算で千九百七十億ドルだったのに対して国防費が千七百億ドルでした。中国の政権にとって最大の敵は中国の国民なのだという皮肉な表現もできるでしょう。とにかく自国民の動向を間断なく監視しておくことが政権の最大任務に近いということです。

この国内治安経費をアメリカとくらべてみると、おおまかの計算でもアメリカが警察、司法その他、国内の警備などへの支出が総額千六百五十億ドルなのに対して、中国の同目的の支出は購買力の差などを勘案して総額三千四百九十億ドルと推定されます。二倍以上なのです。

二〇〇九年にアメリカに亡命した中国政府の国家安全部の工作員だった李鳳智という人物はその国家安全部の最大の任務は中国人民の共産党政権への服従を保つことだと証言しています。人民は放置すれば共産党政権の敵になりかねない、という前提の懸念があるわけです。

そのためには一般国民に集会を禁じる、相互の連絡を抑える、外国の情報を与えない、など常時の監視を保つことに全力あげていたとのことです。

中国当局はまたインターネット上で共産党にとってネガティブとなる言葉や台湾独立を提起するような言葉、当局の弾圧を連想させる天安門事件というような言葉が出ないための厳密な検閲を実施しています。

情報面でも香港で二百万人もの市民が当局の抑圧措置に抗議して、デモ行進をしたという実際のニュースが北京や上海の住民には届かないようにするわけです。中国人民は北京の中南海に所在する共産党首脳たちが許すだけの情報を与えられるのだ、という原則です。

国民監視のためのハト作戦

中国当局はこの抑圧や監視のために、古森さんも指摘したように、高度技術を駆使するようになりました。人工知能の効用は顔面認証に適用され、香港で抗議デモに参加した市民が香港と本土を往来する際にすぐ特定されるとのことです。防犯カメラも全土にびっしりと張りめぐらされています。

中国の一般国民も日常生活での交通違反、職場への遅刻、クレジットカードの支払延滞など好ましくないとされる行動も細かく社会信用システムに記録されます。そして職場での給料や休暇の削減、さらには公立病院や公立学校の利用の制限という懲罰を受けるということが起きています。

最近では国民監視のためのハト作戦と呼ばれる工作が始まったという情報があります。地上からみると本物の鳥のハトにようにみえる小型の無人機を飛ばして地上の人間の動きをとらえるのです。このハト模倣の無人機は狭い空間でも自由自在に出入りできるので地上の住民にとってはきわめてプライベートな行動でも偵察されてしまいます。

さらに特殊なヘルメットを使う当局の監視工作もあるそうです。労働者やその他の市民に一定時間、特殊のヘルメットを着用させる。そのヘルメットはその人間の怒り、悩み、悲しみなどの感情をスキャンで把握できるのだ、というのです。

こうみてくると中国の国民は世界で最も厳しく監視された人間集団であり、そのための作業には中国政府は世界でも最も先端をいくハイテクの技術や機材を使っている、といえましょう。

このような国民監視は習近平主席が異例の三期目を迎えたいま、さらに強化するとみられます。習近平主席にとっての独裁の強化、国民の服従は絶対不可欠の統治の大前提なのです。

第四章

中国の脅威に揺らぐ日本

クライド・プレストウィッツ

尖閣有事でアメリカはどうするか

尖閣諸島を巡る日中対立の歴史

さあここからは、日本について論じましょう。中国の最近の行動はアメリカにとって脅威であると同様に、あるいはそれ以上に日本にとっては国家の根幹を揺さぶり、侵すような重大な脅威ですね。

客観的にみてすぐわかることです。なにしろ日本は中国のすぐ隣に位置していますから。

中国共産党政権は基本的に日本に対しては主敵のアメリカに追随する小敵のような認識を隠してはいません。その背後には習近平政権がよく指摘する中国にとっての「屈辱の世紀」では日清戦争で日本に敗れたという歴史的事実がいまもなお最大の侮辱として中国共産党の対日観に深く刷り込まれています。

中国では日本や日本人に対して「小日本」という侮蔑の俗語が定着しています。日本を指す旧来の中国語の「倭」というのも、小さいという意味ですよね。

その一方で、中国にとって日本とは経済的な交流が重要だという認識も強いでしょう。その交流が中国にとっての利益をもたらしていることも現実です。だから中国はときに硬軟の使い分けをして日本に接するわけです。

しかし日本にとって切迫した中国の脅威は尖閣諸島への軍事がらみの攻勢、そしてその諸島に対する中国の主権の主張ですね。周知のように中国は尖閣を釣魚島と呼び、本来、中国の領土なのだと主張するわけです。

簡単に歴史をたどると、日本は一八九五年以来、尖閣諸島の主権、領有権を宣言し、統治してきました。第二次大戦後はアメリカが沖縄とともに尖閣を統治して、施政権を保ちましたが、一九七二年の沖縄返還の際に日本に返されました。尖閣諸島の施政権はアメリカから日本に返されたのです。しかし中国が改めて領有権を主張するようになりました。

その背景には国連機関が当時、尖閣諸島周辺の東シナ海には海底油田があるようだという調査結果を公表したという事実があります。それでも一九七八年の日中首脳の会合では中国の周恩来首相は尖閣問題は次世代の知恵に任せるというような意味の発言をして、領有権、主権の問題は先送りという方針を示唆しました。

それ以来、尖閣をめぐる日中の摩擦などはしばらくはなかったのですが、二〇一二年に石原慎太郎都知事が尖閣諸島をそれまでの私有の地主から東京都が購入するという方針を発表しました。すると当時の日本の民主党の野田佳彦政権が介入して、石原都知事では危険すぎるとして日本政府が購入する措置をとったわけですね。つまり国有化です。中国がこの日本の尖閣諸島国有化という動きに猛反発しました。

中国は釣魚島の領有権を改めて強く主張して、尖閣の日本側の主張する領海や接続水域に多数の公船と称する武装艦艇や軍の指揮下にある民兵漁船を送りこんできました。人民解放軍の空軍機も尖閣の上空に頻繁に飛来し始めました。

中国と日本、アメリカとの軍事衝突が起きる可能性

この状況に対して日本政府もアメリカ政府も中国が尖閣諸島に対して本格的な軍事攻撃をかけて、占拠してしまうのではないかと真剣に懸念するようになりました。しかし中国にここまでの軍事攻勢的な態度を許したのはアメリカが尖閣諸島に対して有事にどんな対応をとるのか、不透明だったことが中国側を勢いづけてしまったのだ、という見方もあります。

アメリカは伝統的に他の諸国同士の領有権紛争には中立を保つことにしています。

つまり尖閣諸島、あるいは釣魚島がはたして日本の領有権下なのか、それとも中国の領有なのか、この点ではどちらの主張にも与しない、ということです。

ただし尖閣諸島の場合、アメリカは沖縄とともにその施政権を一九四五年から七二年まで保持していました。そしてその施政権を日本に返したのだから、アメリカは尖閣諸島に対する日本の施政権は認めているわけです。施政権というのはその国の行政、立法、司法の三権を指し、尖閣には日本のその権限が適用されるというわけです。

日本の施政権下にある尖閣諸島が第三国、つまり中国などにより武力攻撃を受けた際、日米安保条約の規定によってアメリカは日本とともにその攻撃に対して防衛にあたるのか否か。日米安保条約の第五条では日本の施政権下にある地域や水域への外部からの攻撃は日米共同防衛の発動をもたらすと明記されています。

ところが尖閣諸島は無人です。いくら日米同盟上の誓約だとしても、アメリカは日本の無人島の防衛のために中国との全面戦争の危険を冒すのか。この点、アメリカ政府の対応がはっきりしない時代もありました。

しかし二〇一二年九月に日本政府が尖閣諸島の国有化を公式に声明すると、中国国内の各地では日本に抗議するデモや集会が起きました。日本大使館への破壊行為や日本の企業のオフィス、商店など広範に、反日暴動と呼べるほどの激しさでした。ただしこの種の動きはみな中国政府が指示し、監督していることは一党独裁態勢ではむしろ自然です。

しかし二〇一四年には当時のオバマ大統領が日本を訪問し、その際に日米安保条約第五条のアメリカの日本防衛誓約は尖閣諸島にも適用されると明言しました。同時にアメリカの日本に対する拡大核抑止、つまり核の傘も尖閣にも適用されるという意味あいの発言までもしました。このことは中国の尖閣への軍事がらみの攻勢をいくらかは弱める効果がありました。日本側の領海や接続水域への侵入が減ったのです。

しかしそれでもなお中国は尖閣諸島を完全に自国領とみなし、自国領のように扱い、軍事力を使ってでも、日本側から奪おうという基本姿勢は変えていません。だから尖閣をめぐって中国と日本、あるいはアメリカとの軍事衝突が起きる可能性は現実の危機として存在しているわけです。

中国のこんな姿勢はアメリカ側がトランプ政権時代から抗議してきた「武力によって現状を変更しようとする動き」に相当します。

古森義久

いまそこにある明白な危機

リチャード・アーミテージ氏の言明

尖閣諸島の問題が日本と中国との間の重大な摩擦案件だというプレストウィッツさんの指摘はまさにそのとおりです。中国の尖閣への軍事攻勢はまさに国際秩序の現状を武力で変えてはならない、といういまも世界の規範に違反する中国の無謀な行動の典型例です。

ただし確かにこの中国の行動はアメリカ政府の態度の曖昧によって奨励された時代がありました。古い話ですが、クリントン政権時代に当時の駐日アメリカ大使のウォルター・モンデール氏が尖閣諸島は日米安保適用の範囲には入らないと言明してしまったのです。一九九六年九月のことでした。

より正確にはモンデール駐日大使がニューヨーク・タイムズ紙のインタビューに答えて、「尖閣諸島が攻撃されてもアメリカ軍は安保条約によって介入する義務はない」と述べたのです。同大使は「尖閣の地位は防衛条約が存在しない台湾の地位と似ている」とも発言していました。

その結果、クリントン政権全体として尖閣に日米安保条約が適用されるか否か、公式の言明をしないようになりました。ワシントン駐在の日本人記者として私はこの重要問題を気にして、ホワイトハウスや国務省に何度も直接の質問をしました。しかしいつも反応はノーコメントでした。中国としては喜ばしい状況だったと思います。

現にこれ以後、尖閣周辺への中国の進出が目立つようになりました。

しかし二〇〇一年に第二次ブッシュ政権が誕生してすぐ、同政権の国務副長官になったリチャード・アーミテージ氏が尖閣諸島は日米安保条約第五条の適用範囲に入る、と言明しました。

東京都による尖閣諸島購入案の裏話

それからプレストウィッツさんが述べた尖閣諸島国有化についても追加すべき重要点があります。それは石原慎太郎氏が突然、東京都による購入案を提起したのではなくて、その前の数年間、尖閣に対する中国側の侵入が続いていたのです。

二〇〇八年十二月には中国の海洋調査船と称する艦艇二隻が尖閣の日本領海に堂々と侵

入してきました。その後、二〇一〇年九月、中国漁船が日本領海で日本の海上保安庁の船に衝突してきて、その漁船の船長が日本側に逮捕されるという事件が起きました。

当時の日本の民主党政権はこの船長の罪を問わず、本国へ送り返してしまいました。しかし中国側はそんな日本の超法規的な宥和の対応にもかかわらず、逆に尖閣諸島周辺への政府機関、民間両方の船舶の侵入をエスカレートさせました。

石原氏が尖閣購入の計画を発表したのはこういう状況の悪化を防ぐためで、決して突然とか、一方的ではなかったのです。尖閣諸島がいつまでも日本側民間人の私有のままでは公的機関ができることが制約されるという考え方からです。

石原氏はこの購入案を実は当時、招待されていたワシントンのヘリテージ財団での講演の際に初めて公表しました。この際、私はその場にいて、旧知の石原氏からその直前にそういう大胆な措置を発表するという事前の予告まで受けていました。いまから思えば懐かしい経験です。しかし事は重大でした。

中国側は猛反発しました。対中強硬派の石原慎太郎東京都知事が尖閣保有の責任者になるというのでは、日本側はその保有を明確にするため、積極果敢な新措置をとるだろうと反発したわけです。実際に中国国内では政府主導の反日デモなどが始まりました。

この事態に対して日本の民主党の野田佳彦政権は尖閣を国有にして、石原氏の独走を防ごうと考えたわけです。そして国有の措置を実際に取りました。だが皮肉なことにこの措置が中国側の反発をさらに激化させたのです。

ちなみに日本側は、尖閣諸島は日本固有の領土であることは疑いの余地はないとして中国側の主張を全面否定しています。尖閣は領土紛争ではない、というのが日本政府の一貫した主張です。施政権は明確に日本側にあるという主張も一貫しています。

しかし日本政府はその一方、明らかに中国側の反発を恐れて、尖閣諸島を無人のままにしています。日本国民の立ち入りや居住も許さないという方針です。自民党は野党時代の二〇一二年に実は尖閣諸島に日本の公務員を常駐させることを公約として発表しました。しかし実際にはその措置はとっていません。

その後、アメリカはトランプ政権、バイデン政権と、いずれも尖閣諸島は日米安保条約での日米共同防衛の対象になるという立場を一貫して表明してきました。しかしアメリカ側の一部には無人島である尖閣を守るためになぜアメリカの軍人が命をかけねばならないのか、という疑問は常に存在してきました。

いま、中国海警局の艦艇が頻繁に侵入

しかし尖閣問題はその後、いまの二〇二二年秋には日本にとって文字どおり「いまそこ

にある明白な危機」、となりました。中国の武装艦艇が日本側の水域に毎日のように侵入してきて、居座るという状態になったからです。

二〇二二年八月には中国艦艇は尖閣周辺の日本の接続水域に一ヵ月間の三十一日間、毎日、侵入してきました。中国側はだいたい四隻の船が艦隊を組んで動くので、八月に接続水域に侵入したのは合計百二十一隻と記録されました。前にも述べたように、領海のすぐ外側にあるこの接続水域は日本の法律が適用されるのです。

そして日本の領海に中国艦艇が侵入したのは同八月で六回、船の数は合計十六隻でした。要するに中国側は尖閣を自国領とみなしての恒常的な侵入なのです。

これら中国艦艇は中国海警局に所属しています。同海警局は日本でいえば海上保安庁に匹敵するといわれますが、実際は人民解放軍の一部である人民武装警察に所属しています。尖閣周辺に出没する艦艇も数千トン級から一万トン級の中国海軍から転用された武装艦がほとんどなのです。

中国海警局は長年、軍事性の薄い国家海洋局の一機関でしたが、二〇一八年に人民武装警察部隊に組みこまれ、正規の軍隊と同様に共産党の中央軍事委員会の管轄下となりました。そのうえ二〇二一年二月には外国船舶に対して必要な場合の武器使用を正式に認められました。

だから中国海警局の艦艇自体の軍事性もきわめて強いと同時に尖閣への攻勢では中国海軍がそのすぐ背後に存在する点も重要です。

中国側はこの日本の領海や接続水域への侵入を、そのたびに必ず中国海警局の公設のサイトにも自国領海での定期的な巡回航行として記録し、公表し、国際的な認知を得ようとしているのです。このままだと中国側が尖閣諸島の施政権はもう日本ではなく中国に帰属すると宣言する日も遠くないかもしれません。

日本側はこれに対して海上保安庁の船で侵入してくる中国艦艇に「退去を求める」と伝えるだけです。もしこれがアメリカなどのふつうの国であれば、実力を行使して中国艦艇に攻撃をかけるでしょう。だが無抵抗平和主義の日本は実力行動はなにもとらず、ただただアメリカに依存するだけ、というふうなのです。

アメリカ軍の介入を抑えたまま、中国が尖閣を奪取できる？

尖閣危機はアメリカ側の専門家たちからも切迫した課題として警告されるようになりました。ワシントンの大手安全保障研究機関「戦略予算評価センター（ＣＳＢＡ）」の上級研究員トシ・ヨシハラ氏は二〇二〇年から二一年にかけて尖閣危機についての報告書を数回、公表しています。日系アメリカ人学者の彼は台湾育ちで、中国語はネーティブに近く、アメリカ海軍大学の教授を長年、務めました。とくにアメリカ学界でも中国の海洋戦略研究では第一人者の評価を受けています。

ヨシハラ氏は日本にとっての尖閣危機の高まりはとくに中国海軍の戦力が日本の海上自衛隊を圧倒するほど強くなったことが主因だとも指摘しています。アジア諸国では最強水準とされた日本の海上自衛隊がいつのまにか中国海軍に完全に追いこされていたという現実こそが、中国側に尖閣への武力攻撃をも積極的に考えさせるというのです。

その場合、中国側はアメリカ軍の介入を抑えたまま、尖閣を奪取できると考えるようになった、ともヨシハラ氏は警告するのです。彼の報告の骨子は以下のようでした。

《中国側優位の象徴的な一例としては中国海軍では二〇〇〇年にはゼロだった艦艇配備の垂直発射ミサイル・システム（ＶＬＳ）は二〇二〇年にはセル（発射口）数で二千基を超えて、日本側の約千五百を大幅に上回った。中国側ミサイルは遠距離到達が多く、日本側のミサイルが届かない海域からでも地上からでも自由に攻撃できる》

《中国側では日本との安全保障がらみの紛争は軍事力の行使、あるいは行使の威嚇によってこれまでより容易に解決できるようになったとする思考が強くなった。尖閣についてはなおアメリカの軍事介入を考え、全面的な軍事作戦には慎重だが、海軍力で日本に対して完全に優位に立ったことで米軍の介入の前に尖閣を軍事占拠する奇襲作戦案、あるいは尖

閣を正面から攻撃してもアメリカは介入しないだろうという前提での日本との全面戦闘計画などを進めるにいたった》

ヨシハラ報告はさらに中国の対尖閣戦略を「威圧態勢」と呼び、以下の特徴を述べていました。

《中国は海軍、海警、民兵、漁船の四組織で尖閣への攻勢を進め、ときには原子力潜水艦やフリゲート艦などを接続水域に送りこむ一方、日本の自衛隊の艦艇やヘリに実弾発射の予備となるレーダー照射を二回、実行した》

《中国は近年、尖閣から三百キロほどの浙江省の温州、南麂島、福建省の霞浦にそれぞれ新たな軍事基地や兵站施設を建設した。みな尖閣への本格的な軍事攻撃の能力を画期的に高める効果がある》

ヨシハラ報告は以上のような情勢が日本に尖閣諸島の喪失だけでなく、東シナ海全域への中国の覇権を許しうる重大な危機を突きつけていることを強調していたのです。

尖閣占拠作戦の内容は？

同報告はこんごの展望に関連して日本にとっての最悪の可能性を次のように指摘していました。

《中国は当面、消耗戦を続け、日本の尖閣への施政権否定を試みるが、日本の反撃が弱いと判断すれば、「短期の鋭利な戦争」という形での尖閣の軍事占領に出る可能性もある》《中国がその戦闘に勝ち、アメリカが介入できなかった場合、東アジアの安全保障秩序は根柢から変わってしまう。日本もその可能性を認識し、本格的な対応を考慮すべきだ》

以上のようなヨシハラ氏の警告のなかでもとくに日本側にとって、ぞっとさせられるのは中国側の軍事専門家たちの間で尖閣諸島を軍事力により四日間で完全に奪取する具体的なシナリオが作成された、という点でした。

中国海軍から公認されている軍事雑誌「現代艦船」の最近号に掲載された中国の海洋戦略や日本の防衛体制の専門家として知られる章明、金永明、廉徳瑰ら各氏の共同論文で明らかにされた尖閣攻撃計画なのだとのことです。

その中国側の論文の骨子、つまり尖閣占拠作戦の内容は以下のようでした。日本にとっての悪夢のシナリオともいえます。

《(1) 日本の海上保安庁の船が中国海警の艦艇を銃撃し、負傷者を出したことから尖閣周辺で日中両国が戦闘態勢に入る。日本側は尖閣確保のために上陸部隊を送りこもうとするが、中国側はJH7A戦闘爆撃機とSU30MKK多目的戦闘機が尖閣に向かう日本側の「金剛」級の誘導ミサイル装備護衛艦二隻を沈め、他の一隻を大破して、日本側の尖閣上

陸作戦を阻む》
《(2)アメリカ大統領は尖閣をめぐる日中紛争への全面介入は自国の基本的な利益には合致しないと判断する。中国に対しておざなりの経済制裁の警告を発するが、それ以上には中国に対する行動はとらない。日米安全保障条約を発動しない》
《(3)中国のロケット軍と空軍は那覇基地を無力化し、尖閣周辺の制空権、制海権を確保する。中国軍は同時に尖閣への上陸作戦を敢行する。中国軍の上陸作戦参加の艦隊を追尾していた日本側の「そうりゅう」型潜水艦も目標を失い、逆に中国の対潜航空機に発見され、撃沈される》
《(4)日本側は中国の尖閣上陸を必死で阻止しようと中国の沿岸警備用のコルベット艦一隻を沈めるが、大勢を変えられない。日本側は中国軍の尖閣上陸を阻止することに結局、失敗する。総括として戦闘開始から4日間で尖閣諸島は中国人民解放軍に占拠される》
　以上のような中国側のシナリオはもちろん一方的な想定や推定です。理屈に合わない部分もある。アメリカが尖閣での日中軍事衝突には介入しないという判断の基本も疑問でしょう。しかし中国側でこんな模擬演習的な作戦が実際に想定されている現実は深刻に受けとめるべきだと思います。

クライド・プレストウィッツ

日本の防衛政策に対するアメリカの不満

尖閣の喪失は国家生存への経済障害

確かに尖閣諸島をめぐる中国と日本の軍事衝突というのは現実の危険だといえますね。日本と中国との軍事衝突はアメリカを巻き込む可能性が高いわけです。しかし尖閣諸島の帰属というのは単に日本の領土問題というだけでなく、日本の生存自体にもかかわる事態です。

もし中国側が尖閣諸島を軍事力で奪取し、占拠した場合、日本にとっては主権の完全な蹂躙だけでなく、東シナ海全体の喪失にも等しくなります。中国にとって東シナ海の制覇は台湾攻撃の準備でも肝要となり、さらにアメリカ海軍の活動全体を抑える措置にとってきわめて有効です。中国軍が第一列島線を堅固に築く重要な基礎となるわけです。

さらに尖閣の喪失は日本にとって国家生存への経済障害にもつながっていきます。尖閣の位置する東シナ海は南シナ海からの延長として中東、アフリカ、欧州からの日本への海上輸送路を抱えています。日本への石油、鉄鋼石、石炭などのエネルギー源や工業用原材料は大部分がこの海上輸送路を通ってくるわけです。

中国が尖閣諸島を占拠すれば、この日本の生命線の海上輸送路のコントロールが容易になります。有事でも、それに準ずる緊張状態でも中国は日本に対して生殺与奪の権を握ることになります。日本に対して平時も決定的に優位な立場になってしまいます。

アメリカ側の日本の防衛政策に対する不満

そんな事態を防ぐためにも日本は尖閣を保持し続けなければならない。そのための最大の頼みの綱はアメリカです。しかしそのアメリカも中国との全面戦争を覚悟してまで、日本のこの小さな無人島を防衛するか、どうか、疑問です。

しかもアメリカ側には日米防衛協力では日本が公正な分担を果たしていないという不満が年来、存在します。トランプ前大統領も日米同盟の不公平をなんども彼らしい乱暴な表現で指摘していました。「日米同盟ではアメリカは日本が攻撃されれば、必ず日本を守る。しかし日本はアメリカが攻撃されてもなにもしない。日本国民は自宅にいてソニーのテレビでもみていればいいのだ」という、あの言葉です。

確かに日米安保条約の規定では日本のアメリカに対する防衛貢献というのは基地提供以外にはほとんどない。日本の防衛費も年来、国内総生産（ＧＤＰ）の一％以下です。最近では日本政府はそれを増額すると述べてはいますが、いつになるかわからない。ヨーロッパ諸国はすでに防衛費をＧＤＰの二％以上へと増やしたところも出ています。

アメリカ自体の防衛費もＧＤＰの三％とか三・五％とかになっています。

だからアメリカ側でも日本の防衛寄与が不十分だとする認識はかなり広範にあるのです。その不満が尖閣諸島の防衛へのためらいや反対を生むという可能性は十分にあると思います。日本の無人島を守るために強大な中国軍と戦い、アメリカ人の若者の命を犠牲にすることにどんな価値があるのか、という疑問です。

古森義久

いまだ中国に媚びる日本政府

「日本が軍事協力しなければ、アメリカ軍も日本を守るべきでない」

尖閣防衛へのアメリカの疑問は確かに私自身、この目と耳で強烈な実例を目撃しました。疑問というよりは明確な反対でした。

トランプ政権が発足して二ヵ月ほどの二〇一七年二月でした。連邦議会の下院外交委員会のアジア太平洋小委員会が開いた東アジアや日本についての公聴会でした。トランプ政権下での新議会では日本関連の初めての公聴会でもありました。

このときは下院ではまだ共和党が多数派でした。この公聴会ではトランプ政権の代表が証人として出て、新政権の対日政策を説明しました。そのなかで日本の尖閣諸島が攻撃を受ければ、アメリカ軍は必ずその防衛にあたる、という従来の方針が強調されました。

すると野党にあたる民主党議員から激しい反対の意見が表明されたのです。この小委員会の民主党側筆頭議員のブラッド・シャーマン議員でした。以下の趣旨でした。

《アメリカが日本の尖閣諸島を防衛することには反対です。二〇〇一年九月の同時多発テロではアメリカ国民が三千人も殺され、アメリカはテロの実行犯のアルカーイダとそのテロ組織を保護したアフガニスタンのタリバン政権とに宣戦布告をしました。

同時にアメリカの同盟相手の北大西洋条約機構（ＮＡＴＯ）諸国は集団的自衛権を発動し、このアメリカの対テロ戦争に参戦しました。だが日本は憲法を口実にアメリカを助ける軍事行動をなにもとらなかった。同盟相手のアメリカが苦しい立場にあるのに、日本の政府も政治家も憲法で禁じられているから参戦はできない、というのです。

そんな際に、「日本はもう半世紀以上もアメリカに守ってもらったのだから、この際、憲法を改正してアメリカを助けよう」と主張する日本の政治家が一人でもいたのか。そんな日本側の無人島の防衛をアメリカが膨大な費用と人命とをかけて引き受けるのは理屈に合いません》

シャーマン議員はこんな意見を大きな声で一気に述べたのでした。

同議員は民主党内では超リベラル派、当選はこの発言の時点で十一回のベテラン政治家でした。トランプ政権への反発も激しい政見の持ち主です。シャーマン議員はいまも下院にあって、外交委員会では多数派の民主党の有力議員として活躍しています。ただし二〇二二年十一月の中間選挙で下院民主党は少数側となりましたが。

シャーマン議員のこの発言は日本にとって尖閣諸島の防衛策、さらには防衛努力全体、そして憲法問題にまで及ぶ重大な指摘だと実感しました。

そして日本は、尖閣問題ではアメリカ側にこうした批判や疑問があるからこそ、独自の尖閣防衛のための強固な姿勢をとる必要があると思います。日本自身が日本領土を絶対に守るという態度をとらずに、アメリカの防衛に依存するというのでは、アメリカ側の懐疑はますます強くなります。

林芳正外相のひどい対中宥和の態度

この点でいまの日本には中国を恐れるというか、媚びるというか、尖閣問題でも中国の軍事力による現状変更に断固として抗議することを避ける傾向がみられます。とくにいまの岸田文雄政権がそうなのです。その典型が林芳正外務大臣でした。

二〇二二年七月二十九日、林外相はワシントンの民間大手研究機関の戦略国際問題研究所（CSIS）で「歴史的な岐路でのわれわれの将来＝法の支配に基づく自由で開かれた包括的な国際秩序」と題する演説をしました。大々的なタイトルですが、要するに日本の外交や戦略の政策を説明するという意図の演説です。

ところが日本がインド太平洋での国際秩序を侵す中国にどう対応するかを主眼とするはずの演説なのに、なんと林外相は尖閣問題は提起しなかったのです。中国への批判を徹底して避け、日本による中国との「協力」と「対話」を強調する対中融和の主張で一貫したのでした。

私も会場に出かけて、じっくりと拝聴しました。林氏は事前に準備した草稿を読む三十分ほどの演説でしたが、とにかく中国に対してはソフトなのにびっくりしました。なかでもこの時期に、しかもアメリカで中国の動向について日本の外相が日本の立場を語るはずの演説で尖閣諸島という言葉がまったく出てこないのです。

ちなみに林芳正氏は日本では有名な親中派です。中国との友好や交流を唱える「日中友好議員連盟」の事務局長や会長を長年、務めてきました。

ではこの林演説がどんな特徴だったのか。具体的に報告しましょう。

第一には林外相はインド太平洋での「一方的な現状変更」や「力の論理」を批判的に指摘しながらも、中国の武装艦艇による尖閣諸島への攻勢にはまったく触れませんでした。

日本固有の領土の尖閣諸島に対して中国が一方的に領有権を主張し、しかも中国海警や人民解放軍海軍の武装艦艇を日本の領海や接続水域に恒常的に侵入させてくる事実こそ、日本にとって最も脅威となる領土の「武力による一方的な現状変更」の動きです。その現実をまったく指摘しない日本国外務大臣の対外的な外交・戦略演説とはなんなのでしょう。

第二は、林外相はロシアのウクライナ侵略はロシアの国名をはっきりあげて厳しく非難しながらも、そのロシアの侵略を許容し、国連などの国際舞台では支援にまで回る中国の動きをまったく批判せず、指摘さえしませんでした。

国連でのロシア非難決議に賛成しない国の筆頭はもちろん中国です。だが林氏は中国の名はあげず、「中間的な立場の国々に対し、その国の事情にも寄り添いながら、引き続き粘り強く働きかけをしていくことが必要」と述べて、中国の立場に理解を示すような言辞を発したのです。

第三は、林外相はインド太平洋での日米両国などを懸念させる中国の行動をその行動だけを指摘しながら、中国の国名をあえてあげませんでした。

林氏はインド太平洋での「東シナ海や南シナ海では力を背景とした一方的な現状変更の試みが継続している」とか「不透明な開発支援」、「経済的威圧」が存在することを述べました。こうした行動や現象を起こしているのは中国です。

だが林氏はその「中国」という主語を奇妙にも述べないのです。ただそういう現象が起きている、とだけ指摘して、誰が起こしているかを語らない。だから文章としてもなんとも不自然でした。

第四は、林外相はインド太平洋で他国に脅威を与え、国際秩序を不当に崩す当事者が中国であることが明白なのに、日本はひたすら中国への「協力」や「対話」を進めるのだ、と強調していました。

林氏は日本が中国とは「建設的かつ安定的な関係」を築くことを目指し、そのためには「ハイレベルの率直な対話」が必要だとも力説しました。だがいまの日本にとって、そしてインド太平洋にとっての目前の問題は中国が国際規範を無視する強圧的な言動を取り、軍事力を大増強して、他国の領土領海を侵し、経済面でも他の諸国を恫喝しているという現実なのです。

その現実を変えるための中国への抑止や圧力こそが日本にとっても当面の課題のはずです。協力とか対話というのは単なる外交上の手段なのです。協力や対話を重ねれば中国の日本に対する政策や行動が変わるという保証はなにもないのです。

第五には、林氏は「中国の国内情勢を論評することは控えたい」と述べて、中国内部のウイグル、チベット、香港などでの人権弾圧には一切、触れませんでした。

林氏はこの演説でアメリカが正面から非難し、日本の国会でも批判的に提起する中国共産党政権の国内での人権弾圧にはなにも言及しなかったのです。演説終了後の短い質疑応答で、アメリカ側から「中国との対話が重要だというが、挑戦的な環境下でどう対話を求めるのか」という質問が出て、林氏はそこでも改めて中国の国内情勢は一切、論評しないと述べたのでした。

つまりは中国政府の言動は一切、批判しないという姿勢でした。これでは親中を越えて媚中と評しても当然なほどの対中宥和の態度ですね。日本の内部には与党の自民党内も含めて中国に対してはこの種の姿勢をとる流れがなお存在するのです。

とにかく中国に対しては非難や批判は差し控える。中国が嫌がることはいわない。そうすれば中国の日本への態度や政策がよくなる、という願望がこめられているのかもしれません。

クライド・プレストウィッツ

日本がアメリカから離れるとどうなるか

中国はアメリカ軍が西太平洋から撤退することを望んでいる

林外相のこういう姿勢は中国の言いなりになる、という結果を招きますね。中国への配慮を示せば、中国も同様に応じてくれる、という願望だといえましょうか。

しかしいまの中国政府におもねって、批判を差し控えても、その結果、中国政府の日本に対する政策が日本にとってよい方向に変わるということはないでしょう。

先ほども述べたように中国の日本に対する厳しい政策は政府の対外戦略に国民感情が注入されて、長年にわたって一定方向に築かれてきた結果であって、日本がたとえ友好的な態度を一時的にみせたからといって、その政策を変えることは、まずありえません。

中国政府は安全保障面では日本がアメリカとの同盟から離脱することを望んでいます。別の角度から述べれば、中国はその第一列島線、つまり尖閣諸島や沖縄を含む日本、台湾、フィリピン、マレーシアを結ぶ海域内からアメリカ軍の存在をなくすことを求めています。この意向は日ごろ率直な形で述べることは少なくても、人民解放軍の基本戦略の文書などからは明白です。

アメリカにとって日本や韓国に米軍基地をおくことは当面のアジア政策では最重要だといえますが、第一列島線の内部の海域に常に海軍艦艇をパトロールさせて中国に対する抑止とするという動きは必ずしも日本や韓国での米軍基地保持ほど不可欠ではないでしょう。第一列島線内部でのアメリカの海軍力の常時のプレゼンスもなくなる日はいつかはくるかもしれません。

アメリカ自身がもうこれまでのその種の積極果敢な海域抑止活動を停止、あるいは縮小するという新政策を選ぶようになるかもしれないのです。ただしその際には日本のような同盟国がどこまで実際の軍事協力をしてくれるか、が大きな要素となるでしょう。

日本がGDP一％ほどの防衛費で南シナ海、東シナ海での海上抑止行動は一切、アメリカに任せるというようなこれまでの状態に対しては、それこそ古森さんが指摘したシャーマン議員の批判のような声が起きても、不思議はないのです。

中国は結局はアメリカ軍が東アジア、西太平洋から撤退することを望んでいるのです。となると当然、日米安全保障条約に基づく日米同盟、その結果である米軍の日本駐留という状態にも、中国は反対なのです。

中国に接近すると日本は属国になる

中国は日本が中国のこの基本戦略に反する行動をとること、つまりは日米同盟の強化とか、日本自身で国防力を増強して中国の軍事力を抑止すること、には猛反対です。そのために日本の行動を常に一定範囲に抑えておくことが中国にとっては重要です。

日本を抑える手段としては日本国内の重要拠点に照準を合わせた各種ミサイルの配備と

いう強力な方法があります。あるいは東シナ海、南シナ海の海上輸送路で日本にとっての致命的な価値を持つ物資の輸送を妨害すること、さらには日本への中国人の観光客や留学生の渡航を一時停止すること、というような手段もあるでしょう。

その一方で中国側は日本企業の知的財産、つまりは企業秘密を多様な違法手段で奪取することも続けています。経済面でも表面では「互恵関係」などと唱えていても、日本側からの収奪が主眼です。

日本に対するこうした潜在、顕在の敵対的な戦略は日本がいままでのようにアメリカとの同盟関係を最重視している限りは続きます。ただしアメリカが日本と協力して、その中国の戦略がより好戦的に拡大しないよう抑えておくことはできます。これが現状なのだといえましょう。

その一方、日本がアメリカからは離れる形で中国側に寄り添い、友好的、宥和的な姿勢をみせても、中国が日本への従来の野心的な政策を変えることはありません。中国はむしろ日本をアメリカから離反させ、自国の影響圏、勢力圏に引き入れることにさらに勢力を投入してくるでしょう。

中国が本来の日本への野望を前進させるとき、その先方にあるのは日本が中国の属国、朝貢国になるという展望です。つまり端的にいえば、日本が日米同盟やアメリカとの結束から離れて、中国に接近するという道は日本が中国の属国的な存在になることを意味するのです。このへんは日本の皆さんがもしそうなったら日本国民の現実の生活はどうなるのか、と想像してほしいです。

古森義久

中国の本音は日本の隷属化

世界観での中国と日本との違い

中国に忖度して、中国の政策を受け入れていけば、中国の属国になってしまうぞ、という警告ですね。深刻な言葉として受け取りましょう。私も中国の日本に対する基本的な政策がこれまでの日本が選んできた進路とは決定的に異なることは十分に意識しているつもりです。

さらには中国の日本にとっては好ましくない政策、たとえば尖閣諸島を武力を使ってでも奪取するという方針、に対して日本が友好的、宥和的な態度をとれば、中国側がその種の対日政策を日本が望むような方向へ変えてくれるという見解はきわめて危険です。中華人民共和国の対外戦略として、そういう体質はないからです。厳しい対日政策はもっと厳しくなるでしょう。対中忖度は危険なのです。このへんは林芳正外相にも強く訴えたいです。

ではここで私なりに中国の対日政策、そしてその背後にある世界観の中国と日本との違いをまとめてみましょう。プレストウィッツさんの先の指摘と重なる部分もありますが。

第一に、中国は日本の安全保障政策を否定していることです。中国は日米防衛ガイドラインの改定など日米同盟の強化にすべて反対します。日米共同のミサイル防衛や防衛庁の防衛省への昇格など、日本の防衛力を強化するような措置にもすべて反対してきました。本質的には日本がアメリカと同盟を結んでいることに反対なのです。この違いは巨大です。

第二に、中国は日本とは異なる国際秩序を求めています。日本は戦後ずっとアメリカが主導して作った国連やＩＭＦ（国際通貨基金）、あるいは日米同盟などの中に加わり、その最大の受益国として恩恵に与ってきたわけです。言い換えれば、自由と民主主義、そして市場経済を基調とした国際秩序です。日本はその現状維持を求めます。しかし中国はそうした国際秩序を否定しています。現状打破なのです。

第三は政治的な価値観の違いです。日本は自由と民主主義、そして複数政党制です。中国は共産党一党独裁体制であり、個人が自由に政治的な意思を表明することも民主主義も認められていません。この相違は国民の生活の質を直撃します。

日中関係には真のウィン・ウィンなどあり得ない

第四に、中国側の年来の反日傾向です。日本を悪者に仕立てることで、中国共産党の永遠の統治が正当化されるという反日的な構造です。日本は中国を侵略した悪者であり、その悪漢を倒して、中国を解放したのが中国共産党だという歴史認識こそは、共産党一党独裁体制の正当性の根拠となっている。その日本は戦後も中国侵略を反省も謝罪もしていない。だから日本は叩き続けるべき存在なのだ。こういう認識が官民に定着しています。

そして第五は、中国は日本を隷属下に置くという野心を抱いていることです。実際、中国政府は、沖縄に対する日本の主権を一度も認めたことがない。プレストウィッツさんの指摘のように「小日本」とか「倭」という中国語はその歴史的な象徴です。

この点は私自身の体験もあります。

私が中国に駐在していた当時、親しくなった中国の官僚と食事をしながら、「これからの日中関係はどうしたらいいですかね」と尋ねると、「やはり一つの国になることですよ」

と彼は淡々と言ったのです。それで私が「制度も歴史も文化も違うけれど、言葉なんかどうすればよいのですか」と返すと、彼は「それは大きな国の言葉を使うことですよ」と、これまたさらりと述べました。中華人民共和国日本自治州という概念があるのだと感じました。日本を隷属化させるというのが中国側の長期の本音なのです。

だからインドとパキスタンがどこまでも対立していくように、日中関係には中国側が共産党政権である限り、真のウィン・ウィンの関係などあり得ない。そのことをとくに日本の政治指導者はしっかり認識しておかないといけないと思います。

岸田文雄首相は中国の覇権主義的な動きに対して、「しっかりいうべきことはいっていく」と述べました。しかし、「いうべきことはいう」なんていうのは、雨が降れば天気が悪いというのと同じです。政策ではありませんよ。結局、中国がどんなに有害なことをやっても、中国が嫌がることは述べたくないということでしょう。これは岸田氏が属する宏池会の悪しき伝統であり、その影響を岸田氏もどっぷり受けているとも思えます。

先ほど紹介した対中忖度演説の林芳正氏も宏池会の幹部です。

第五章

インド太平洋での覇権獲得工作

クライド・プレストウィッツ

スプラトリー諸島を巡る争いの歴史

「それは南シナ海から始まった」

中国がいまやアメリカを主体とする国際秩序にとっての大きな脅威となったことは、すでに周知の現実です。ではそれはどんな脅威であり、どのような経緯で脅威になってきたのか。この問いに答えるには中国の対外的な動向がどうみても他の諸国への脅威になる、挑戦になる、という実態が明白になった当初の状況を報告する必要があります。

中国の脅威はいまやグローバルになったとはいえ、その主舞台はインド太平洋地域です。中国に隣接する地域ですから、当然のことでしょう。そのなかでも中国の行動に国際規模での侵略とか脅威という特徴があることを最初にはっきりと明示したのは南シナ海でした。

南シナ海での中国の行動はアメリカをも正面から揺さぶりました。ただしアメリカの当初の反応はきわめて鈍かった。だがやがては本格的に警戒させられることとなりました。そして脅威をも感じさせる事態へと発展していきました。だからアメリカと中国とのいまの対立を考えるとき、「それは南シナ海から始まった」ともいえるのです。

歴史的にみて中国にとって海は弱点だったといえます。大陸国家である中国は周辺の勢力と争う場合も、海が障壁とか脅威となってきました。現在の状況をみてもインド洋からシンガポールに近いマラッカ海峡を経て、南シナ海にいたる海上輸送路は中国にとっても、台湾にとっても生命線です。この海域を中国が支配すれば、台湾に致命的な圧力をかけることも容易となります。

同時にこの海域の支配のパワーがアメリカ側にある限り、中国は決してアメリカに対する覇権の争いを効果的には進められない。アメリカ海軍の第七艦隊がこのあたりを制覇していたのでは中国は自国の覇権を広げることはできないのです。だからこそ中国は南シナ海の多数の諸島の支配拡大を目指すだけでなく、それらの諸島の軍事化を図るようになりました。

南シナ海は全世界の船舶航行の三分の一を占めています。日本、韓国、フィリピン、台湾、ベトナム、タイ、マレーシア、カンボジア、インドネシア、そしてもちろん中国自身にとって、石油、その他の工業生産に欠かせない原材料が運ばれていく大動脈の母体こそが南シナ海なのです。二十億人もの人間がその海上輸送路に生活を依存しています。そしてこの南シナ海にはごく狭い海峡や無数の小島や環礁が存在します。

その南シナ海の多数の島々のなかでも中国の略奪的な進出が目立ち、米中関係でも最大争点の一つになったのがスプラトリー諸島（中国名・南沙諸島）です。

「九段線」と呼ばれる奇妙な主張

そのスプラトリー諸島については興味ある歴史的と呼べる文書があります。

一九五九年にオーストラリアの諜報機関が作成した南シナ海についての報告書の一部分です。もう六十年以上も前の資料ですが、いまも温存され、その内容が現在の状況に対してきわめて示唆的なのです。

それはこんな内容でした。

《遠い将来、もし中国共産党政権が南シナ海のスプラトリー諸島を軍事的に制圧できるようになれば、その結果、他国の国際的な航海路や航空路の利用を中国側の領海や領空への侵犯だとみなすという理由で妨害や管理をすることができるようになるだろう。他国の船舶や航空機をその理由を使って攻撃することさえできるだろう。もしそうなっても被害にあう欧米側の諸国は抗議を表明する以外にはできることは少ない》

中国がスプラトリー諸島を占拠して軍事基地にすることだけで南シナ海全体を制覇できるかもしれない、という考察でした。だが当時、この予測を真剣に受け取った向きはほとんどなかった。

ひとつには当時からその後の長い期間、スプラトリー諸島を含む南シナ海はアメリカの湖だったからでしょう。ハワイのホノルルに本拠をおく米軍の太平洋統合軍の指揮下にあるアメリカ海軍第七艦隊がこの海域を完全に保護し、管理していたからです。

しかし中国側の共産党体制下での習近平氏の昇進に次ぐ昇進で、この状態が変わってきました。そして現在では六十年以上前にオーストラリアの諜報機関が非現実的にさえ響く可能性として指摘していた中国の覇権がほぼ確立されてしまったのです。

二〇一二年ごろから中国政府の南シナ海に対する態度が顕著に変わってきました。本来、スプラトリー諸島は中国本土から三千キロ以上も離れています。フィリピン、ベトナム、マレーシアのほうがずっと近い距離にあるのです。中国が支配してしまうには、距離的な要因からも無理があるのです。

スプラトリー諸島は第二次大戦の終わりまでは日本が支配していました。しかし日本が敗北した一九四五年以降はまず中華民国、つまり台湾が主権を主張するようになった。ただしスプラトリー諸島全体では数えきれないほど多数の小さな島や環礁があるため、ベトナムやフィリピン、マレーシアもそれぞれその多くの島々を自国領だと宣言してきました。

中国が南シナ海の領有権に関して主張する奇妙な概念があります。「九段線」と呼ばれる主張です。南シナ海の古い地図に記載されていた九本の線をつなぎ、「この線の内側はすべて中国領海だ」とする主張です。その線内の海域は南シナ海全体の九割ぐらいに相当します。つまりは南シナ海は中国の領海だという一方的な主張に等しいのです。

この「九段線」という主張は実は中華人民共和国の成立前に国民党政権の中華民国政府によってもちらほら示唆されたことがあります。いまの中国政府は二〇〇九年ごろからこの九段線の主張を表面に出してきました。その時期にベトナムやマレーシアがそれぞれ自国の南シナ海での排他的経済水域の主張を国連機関に向けて伝達するという動きを取り始めたことも契機になったようです。

しかし中国はそれ以前からスプラトリー諸島での領土の奪取を始めていました。一九八八年にはベトナムが実効支配し、軍隊まで配備していたスビ礁に人民解放軍が攻撃をかけ、占拠しました。スプラトリー諸島のなかのこの小さな環礁はフィリピンの完全支配する主要な島からわずか二十八キロの至近距離に位置しています。中国はすぐにこのスビ礁に軍事用のレーダー基地を建設しました。

中国はさらに一九九五年にはスプラトリー諸島のミスチーフ礁を軍事占拠しました。フィリピンとベトナムがともに領有権を主張してきた環礁で、フィリピンが自国の排他的経済水域内にあるため実効支配してきたのですが、中国軍の攻撃で退去しました。

二〇一一年には同じスプラトリー諸島の海域内南東部にあるジャクソン礁で中国海軍のフリゲート艦が操業中のフィリピン漁船に威嚇砲撃をして撃退しました。このジャクソン礁もベトナムとフィリピンがそれぞれ主権を主張していましたが、この砲撃以後は中国が占拠しました。

中国はさらに二〇一二年から二〇一三年にかけて、スプラトリー諸島のスカボロー礁やハサハサ礁という拠点をフィリピンやベトナムの実効支配を軍事力で否定する形で占拠していきました。

その間、東南アジア諸国やアメリカ政府からのソフトな抗議に対して当時の中国の楊潔篪外相は「中国は大国であり、周辺の諸国は小国だから」という驚くべき強引な言葉を述べていたのです。

古森義久

国際ルールを守らない無法国家

半世紀近く前の南ベトナムと中国の戦争

プレストウィッツさんの指摘のようにいまの中国とアメリカ、あるいは中国と全世界、ともいえる対立の出発点が南シナ海だったといえますね。ごく簡単にいえば、中国の南シナ海での傍若無人の領土拡張がアメリカを硬化させ、抗議させ、中国への対決へと追いこんでいった、といえます。

中国の南シナ海でのその行動はアメリカだけでなく、日本をも含めた国際社会全体へのチャレンジだったともいえます。既存の国際的な規則や規範をまったく無視しているからです。

この中国の南シナ海での領土拡大、より正確には他国の領土の略奪に関しては私自身に忘れられない経験があります。まったく古い話で、一九七四年一月のことでした。もう半世紀近くも前のことです。

私は当時、毎日新聞記者として南ベトナムの首都サイゴン（現在のホーチミン市）に駐在していました。ベトナム戦争では米軍はもう全面撤退し、北ベトナムと南ベトナムとが戦っていました。南ベトナムにとっては最大の支援者のアメリカを失い、きわめて弱い立場にありました。

そんなときに南ベトナムの政府が突然、重大発表をしました。

《南シナ海の南ベトナム（ベトナム共和国）領であるパラセル諸島の一部に中国人民解放軍部隊が攻撃をかけ、南ベトナム海軍と戦闘となり、中国側が南ベトナム軍を撃退し、同島を不当に占拠した》

パラセル諸島というのは中国の名称が西沙諸島です。南シナ海の内部のスプラトリー諸島よりは西に位置しています。よりベトナムに近い海域なのです。当時の私はその詳細は知りませんでしたが、パラセル諸島は長年、南ベトナム政府が領有権を宣言して、実際に支配もしてきたのです。ところがそこに中国軍が突然、攻撃をかけて、その島々を奪取してしまったのです。

パラセル諸島での戦闘は中国、南ベトナム双方が軍艦と将兵を投入して二日にわたり激しく続いたそうです。同諸島のなかのロバート島やダンカン島を直接の舞台としての戦いでした。結果は兵力の規模がずっと大きい中国側の圧勝でした。南ベトナム側の戦死者五十三人、中国側死者十八人と発表されました。

南ベトナム政府は自国領土への武力侵略として国連に提訴しました。しかしその訴えは国連の安保理の常任理事国である中国によって簡単に押しつぶされてしまいました。

当時、私が痛感したのは中国の軍事攻撃のタイミングでした。狡猾ともいえる時期の選び方だったのです。一九七四年一月というのはアメリカがもう南ベトナムを離れていました。アメリカは南ベトナムの同盟国だったけれども、軍事的に南ベトナムを防衛するというそれまでの長年の誓約をもう無効としつつあったのです。しかも南ベトナム政府は北ベトナムという宿敵に正面から軍事攻勢をかけられ、その内戦への対応に手いっぱいだったのです。

中国は明らかに南ベトナム側のそんな苦境を知ったうえで領土の略奪へと踏み切ったわけです。アメリカも絶対に介入はしてこないと判断したといえます。中国のこの種の計算では他の事例もあります。

一九九五年のミスチーフ環礁の占拠

プレストウィッツさんが指摘した一九九五年の中国によるミスチーフ環礁の占拠です。

スプラトリー諸島のカナメに位置するミスチーフ環礁を囲む海域はフィリピンが完全に自国領とみなし、多数のフィリピン漁船を毎年、送りこんでいました。中国軍はこの海域でフィリピン漁船を拿捕して、フィリピン軍を撃退したのです。

この時期はフィリピンにとって同盟関係のあるアメリカとの絆が最も弱くなっていたのです。アメリカは複雑な政治的理由でフィリピン国内で長年、使ってきたスービック海軍基地とクラーク空軍基地とを放棄しました。中国はこうした相手の弱体となったタイミングをみすかして攻撃に出るのです。この巧妙で狡猾な戦略は長年、一貫しているといえます。

だからベトナム戦争時代の考察も含めて私は中国の領土拡張戦略については次のような教訓を得たと感じました。

第一は中国がこの種の領土紛争ではいざとなると、まったくためらうことなく軍事力を使うという現実でした。

第二は中国はその種の軍事力の行使にあたり、相手が弱く、反撃が不十分であることを確認したうえで行動に出るという現実でした。

中国はその後の領土拡張の野望の追求では、以上のような現実性をいつも保ってきました。年来の特徴であり、四十年以上が過ぎたいまでもその体質は変わらないといえます。

つまり海洋での領土拡張では軍事力を使うことをためらわない。ただし必ず勝てるという相手と状況を確認したうえでなければ、簡単には軍事力を使わない。そんな態度が中国の年来の傾向なのです。

中国の南シナ海戦略の背後には「第一列島線」、「第二列島線」という概念があります。中国側が勝手に命名してできた言葉です。第一列島線は中国本土を起点に沖縄から台湾、フィリピンを経由しマレーシアに至るラインです。中国はこの内側において完全に制海権を掌握することを目指しています。南シナ海も当然、ここに含まれます。当然ながら、中国のそうした覇権の拡張は、第一列島線の周辺国との衝突を招きます。第二列島線はさらにその外側にあるわけです。

世界の非難にもめげない国家

さてプレストウィッツさんが先に指摘した中国の奇妙な主張、「九段線」についてさらに詳しく説明しましょう。この九段線の概念は中国の領土問題での他国との争いでの特徴をよく象徴しているからです。

九段線とは中国政府が南シナ海の地図に描いた九つの短い線のことです。繰り返しとなりますが、その線をずっと伸ばしてつなげると、南シナ海のほぼ全域がその線の内部に入ってしまうのです。九段線はその結ばれた形が牛の舌にも似ていることから「中国の赤い舌」などとも呼ばれてきました。

ところがこの九段線の主張の具体的な根拠となると、きわめて曖昧なのです。中国政府は「歴史的な権利」としか述べないのです。

南シナ海で九段線に沿って東回り、つまり時計回りに線を引いてみると、その範囲は次のようになります。

バシー海峡、北ルソン島トラフ（海底のゆるやかな凹地）、マニラ海溝、スプラトリー諸島とフィリピンの間、パラワントラフ、スプラトリー諸島とマレーシアの間、同諸島とインドネシア・ナツナ諸島の間、同諸島とベトナムの間、パラセル諸島とベトナムの間、です。

この九本の線をつなげれば、南シナ海の全体がその内部にすっぽりと入ってしまうのです。こんな中国の主張は国際的にはまったく通用しません。とくに南シナ海の各諸島で領有権を中国と争うフィリピンやベトナムという諸国にとっては、九段線など、とんでもない暴論ということとなります。

以上のような経緯のもとに中国は南シナ海での自国の領土や領海を強引に広げ始めたのです。他国と主権がぶつかる島々でも、紛争海域でも、自国領だとの主張の下に、攻勢をかける。いざという場合は軍事力の威嚇や行使を辞さない。そんな無法な態度なのです。

この中国の無法に対してフィリピン政府は国際仲裁裁判所に訴えを起こしました。二〇一三年のことです。国際仲裁裁判所というのは国連海洋条約などに基づき、海洋問題に関する各国間の紛争などを仲裁、裁定する機関です。

この訴えに対して中国政府はフィリピンにありとあらゆる脅しや圧力をかけて、撤回を求めました。フィリピンから輸入するパイナップルやバナナという果物の検疫作業を故意に遅らせて、輸入量を減らす。やがては輸入を全体に禁止してしまう。中国人の観光客がフィリピンにはいかないように指令を出す。いわゆる経済恫喝外交でした。

二〇一六年七月には南シナ海での中国の膨張に歯止めをかけるはずの展開が起きました。国際仲裁裁判所が南シナ海の領有権などに関する中国政府の主張はほぼ全面的に根拠がないという裁定を下したのです。

フィリピンの訴えは中国側の南シナ海の九段線やスプラトリー諸島、パラセル諸島の領有権についての主張はすべて無法だとする趣旨でした。中国政府はこの訴え自体に激しく反発していました。

だが仲裁裁判所はフィリピン側の主張を大幅に支持する裁定を公表したのでした。その裁定の内容は以下の骨子でした。

《中国の九段線に関する主張は国際法上、根拠がない》
《スカボロー礁やスプラトリー諸島の領有権についても中国の主張は根拠が薄弱》
《中国による人工島の建設は、軍事活動ではないが違法》
《中国がフィリピンの漁船などの活動を妨害したのも違法》
《スカボロー礁で中国艦船は違法な行動によりフィリピンの艦船を危険にさらした》

以上の裁定は文字どおりに解釈すれば、中国側の全面敗北を意味していました。だがさすが無法国家の中国です。この種の国際裁定は断固として排除するというのです。中国の王毅外相は裁定を「一片の紙屑にすぎない」とまで否定したのです。

しかし全世界の大多数の諸国はフィリピン側の提訴とこの裁定を支持しました。当然ながら中国を国際ルールを守らない無法国家として非難することとなりました。だがそんなことではまったくめげないのが中国だというわけです。

クライド・プレストウィッツ

中国の覇権拡大の標的・オーストラリア

オーストラリアへの侵略的な試み

インド太平洋での中国の侵略的な試みのもう一つはオーストラリアへの攻勢です。地理的にはオーストラリアは南シナ海とは異なり、中国から太平洋をはるか越えた彼方に位置しています。でもインド太平洋地域の有力なプレイヤーです。だからこそ中国の覇権拡大の主要な標的となりました。

中国のオーストラリアへの工作の展開はきわめてドラマチックでした。最初は大成功したかにもみえました。しかし何年も時間を経ての激しい攻防となり、中国はオーストラリアを自陣営に引き込むという意味での覇権拡大には失敗したといえます。そしてオーストラリアはいまや中国を抑止する堅固な戦略態勢をとるようになりました。

中国共産党中央委員会がオーストラリアに対する大規模で長期的な工作を決めたのは二

〇〇五年ごろだといえます。同年二月に当時の外務次官、周文重がオーストラリアの首都キャンベラを訪れ、現地の中国大使館の幹部を集めて、党中央委員会の新たな決定を伝えました。

その内容は中国がこんごオーストラリアを新たな勢力圏に入れることを目指し、第一にオーストラリアを中国の経済発展にとって依存できる安定した供給基地とする、第二にオーストラリアとアメリカの同盟にクサビを打ち込み、両国を離反させる、という戦略を推進する、という趣旨でした。

なぜこんな内容がわかったかというと、その当時、現地の中国大使館にいた陳用林という一等書記官がその後、オーストラリア側に政治亡命したからです。陳は周文重が通達した会議にも出ていました。天安門事件でも民主活動にもかかわり、共産党政権に批判を抱いていた人物だそうです。その後はアメリカ議会の上院でも証言をしています。

その陳の情報によると、中国共産党は対外拡張の本格的な初の標的としてオーストラリアを選び、構造的、体系的な努力によって浸透し、中国に有利な方向にオーストラリアを動かすという重要戦略を決定したとのことでした。

なぜオーストラリアが最初のテストケースのように選ばれたかというと、アメリカ主体の西側陣営でもまず弱い部分に匹敵する、中国系の移民が多い、社会が多様な文化を認めている、ことなどが理由だったそうです。

オーストラリアは全人口も二千五百万ほどと少ない。そのうち百万が中国系です。だから中国としてはまずここから浸透による影響力行使、やがては政権転覆という目的を試そうということになったそうです。

中国共産党は対外戦略では従来は古くから海外に在住する華僑には依存しなかったのですが、中央委員会の対外連絡部が二〇一一年にはオーストラリアに関してはこの方針を変えることを決めました。オーストラリアの華僑、つまり中国系住民が社会で重要な役割を果たし、北京政府に協力する意思のある人たちが多数いると判断したからです。

政治も社会も中国系勢力にずたずたに裂かれた

そして始まった作戦の内容はいまではオーストラリア政府の調査や民間研究者らのリサーチによりかなり詳細に明らかになっています。日本でも出版された『目に見えぬ侵略　中国のオーストラリア支配計画』という本もその種の報告です。著者のオーストラリア人学者のクライブ・ハミルトン氏もよく調べています。

中国側はこのオーストラリア浸透作戦に前述の共産党対外連絡部に加えて統一戦線工作部を動員しました。同工作部は共産党のなかば秘密の政治工作を実施する機関として古くから存在してきましたが、習近平政権になってから本格的に対外秘密工作を実施するようになりました。

オーストラリアに対する中国の工作には多数の実例があります。中国側は中国とオーストラリアの両方でビジネスに成功して大富豪となった黄向墨という中国人を工作員にして、豪州の最大野党の労働党のサム・ダスティアリ議員に接近させました。そして巨額の献金や中国への豪華な招待旅行などによって同議員に中国にとって有利な政策を推進させたのです。

ダスティアリ議員は南シナ海での中国の違法の領土拡張への非難を抑えたり、豪州側の議員が多数、中国を訪問する計画を推進したり、豪中友好の名の下に中国政府が求めることを実行しました。

一方、黄向墨は豪中商工会議所を各地に作り、豪州側の民間人たちを訪中させ、豪州国内の北京政府に批判的な中国語新聞を閉鎖に追い込んだりしました。これら親中派勢力はシドニーの有名なオペラハウス正面に中国の旧正月、真紅の巨大な中国国旗を飾ることまでやってのけました。

中国政府の意向を受けた豪州在の中国系住民が議員や閣僚に多額の資金を提供し、オーストラリア政府の対中政策を中国が好む方向へ変えるという工作があちこちで発見されるようになりました。国の政治も社会も文化も中国系勢力によってずたずたに裂かれるというほどにまでなりました。

習近平主席が強化する対外工作

古森義久

報告書「中国の海外での統一戦線工作」

中国側でオーストラリアへの工作の中核になったという統一戦線工作部については特別な注意が必要ですね。共産党の中央統一戦線工作部というこの組織は近年、習近平政権下ではオーストラリアだけでなく、アメリカ、カナダ、ニュージーランド、台湾、フィリピン、さらには日本にまで同様の影響力工作を仕かけてきました。

ワシントンでもこの統一戦線の活動は最近、話題になりました。ではこの統一戦線工作部とはそもそもなんなのか。ここで詳しく報告しておきましょう。

統一戦線とは中国共産党中央委員会の統一戦線工作部（組織としての略称は統戦部）のこ

とで、共産党と党外の協力的な政治勢力との連携を主任務として一九四二年に設立されました。

日本と戦う中国共産党にとって中国内部の非共産主義の諸勢力との連帯強化は致命的に重要でした。戦後は統戦部は一九六〇年代の文化大革命中は活動停止となりましたが、一九七三年には復活しました。

そんな組織がいまになってなぜ話題になるのか。それはプレストウィッツさんの指摘のように習近平主席が最近になってこの統戦部を大幅に拡大し、それまでは基本的に国内での活動専門だったのを対外工作の大任務を与えるようになったからです。

アメリカ側でもこの組織には最近、いろいろな角度から光を当て、研究しています。議会の政策諮問機関「米中経済安保調査委員会」が二〇一八年八月に「中国の海外での統一戦線工作」と題する報告書を発表しました。

以下のような指摘が記されていました。

《習近平主席は二〇一七年十月の共産党第十九次全国代表大会で統戦部を対外戦略の推進の重要組織とする方針を明らかにし、とくにアメリカ国内での反中国、反共産主義の勢力を切り崩すことを重要使命とした。このため統戦部に新追加要員として約四万人を投入した。同時に統戦部は全世界で六千万ともみられる在外中国人の動員を強化することを決め

た。いわゆる華僑の総動員である》
《統戦部は対外工作にあたり中国人民政治協商会議、中国国際友好連絡会、中国学生学者連合会、孔子学院などという中国政府の他の組織とも緊密な連携を組んでいくことが決められた。アメリカなど工作の対象国では中国共産党という実態を最大限に隠し、相手国の広範で多様な組織と手を結び、影響力を広げていく。とくに中国共産党の政策に強く反対することは危険だとか政治的に不適切だとする声を広げて、中国批判を抑えていく》

世界各国に居住する中国系住民をフル活用

アメリカの民間でも中国の統一戦線の危険性が指摘されるようになりました。ワシントンに拠点をおく民間の安全保障研究大手シンクタンクの「戦略予算評価センター」は二〇一八年九月に公表した報告書で、統一戦線工作部の対外活動について詳細を伝えていました。次のような具体性がおもしろいと思います。

《統戦部は対外工作の推進のために世界各国に居住する中国系住民をフルに活用する。在外中国人が中国への人種上、民族上の帰属の意識だけでなく、中国共産党の指導下の中国のあり方に同調し、共産党の現在の独裁的な統治への支持や忠誠を保持するように働きかける。従来の華僑の中国観や自己認識を根本から変えて、新世代が中国との一体感を抱く

ようにする》

《統戦部は各国で共産党指導下の中国を支持する国民が多くなり、中国に反対する国民が少なくなることを目指す。同時に米欧の民主主義、人権、法の支配などという基本的な価値観を基準に中国のあり方を批判する動きには多角的に対応し、中国への非難を最小限に抑える。相手国の国民の心をつかむために政府や議会だけでなくニュースメディア、教育機関、さらには市民団体などへの働きかけを実行する》

《相手側の信頼や友好を得る過程では台湾、チベット、中国内部の民主化活動、一帯一路構想、法輪功という課題について中国当局の立場をそれとなく、しかし確実に伝える。そのために諸外国での中国人留学生の役割を重視する。アメリカでの高等教育レベルで約三十五万を数える中国人留学生に対して共産党や祖国への貢献を常に促す。留学生への接触や監視を保つ。留学先の大学での中国に関する講義や研究の内容が中国当局の方針に沿わない場合には抗議して変更を求めさせる》

このような統一戦線工作部の活動をオーストラリアはまともに受けたわけです。

献金、土地購入、企業買収……

オーストラリア政界に中国系の団体からの献金が増加

オーストラリアでは本当に中国側の動きは多様かつ活発でした。孔子学院が多数できて、オーストラリアの大学の教育に中国の影響を広げるようになりました。中国共産党の人権弾圧やチベット人、ウイグル人への抑圧、さらに香港での民主主義の弾圧などに抗議の声をあげることがためらわれる傾向が生まれました。

オーストラリアの各大学では中国人の留学生が増えて、大学当局の教科内容にも有形無形の圧力をかけるようになりました。中国当局の嫌うことを教えれば、多数の中国人留学生からの反発の声が起きるのです。台湾やチベットの窮状を教えることにも抑制が生まれてきました。

オーストラリアの政界では中国系の団体や個人からの献金が増えました。いままで外国系からの献金に対する厳しい規制がなかったのです。国会議員個人に寄付が供されなくても、その議員がかかわる公的事業、公的機関への支援金というような形で中国マネーが投じられるのです。

中国からの投資はオーストラリアの土地購入にも充てられました。とくに農地を買う中国系の企業や個人が顕著となってきました。一時は農地を所有する外国人では中国が圧倒的に多く、外国人所有の農地の全体の四分の一が中国系によるとされました。

オーストラリア北部のダーウィンでは港湾施設のある土地を中国の国有企業「ランドブリッジ」社が購入しました。ダーウィンにはオバマ政権時代にアメリカ海兵隊の一部が駐屯するようになった基地もあります。

その他、オーストラリアの電力会社やガスパイプライン管理会社、エネルギー・インフラ建設会社が中国系の国有企業に買収されるという事例もありました。オーストラリア側にすれば国民の生活を直接に支える公共財提供の組織が中国政府につながる企業に管理される、という状態になります。有事の際の懸念は果てしないことになります。

黄向墨がオーストラリアから国外追放

またこの問題はアメリカや日本とも共通するのでしょうが、オーストラリアの中国研究学者たちが中国団体の自国への浸透ですっかり骨抜きにされてしまいました。中国を研究するにあたり少しでも共産党政権に批判的なことを書いたり、伝えたりすれば、すぐに圧力をかけられるのです。

豪州側の研究者たちにとっては中国への入国ビザをもう出さないと脅かされることが最もこわいわけです。その結果、オーストラリアの中国研究学界では中国への批判がすっかり少なくなりました。

しかしいくら寛容で多様性を好むオーストラリア国民も外国勢力のこれほどの跳梁は許せない、という一定の限度があります。政治の世界でも中国の無法な行動に批判も表明できない、という状態には反対も強くぶつけられるようになりました。

中国系勢力の動きにもやがて、オーストラリアの世論は厳しくなったのです。その傾向はすぐに国政に反映され、議会では国内のスパイ活動やロビー工作を厳しく取り締まる新たな法律までができました。外国資本の活動を制限する規則も生まれました。

こうした動きに押される形で親中派の中心となっていたダスティアリ議員は二〇一七年十二月、責任を問われる形で議員を辞職しました。

同議員の背後にいた黄向墨は二〇一九年十二月、オーストラリアから国外追放されました。ほかにも政界、財界には中国に接近し、中国の意向を受けて動くような人物が多数、出ていましたが、国全体に中国への厳しい潮流が顕著になると、みな年来の中立姿勢に戻ったという感じでした。しかしそこにいたるまでのオーストラリアと中国の関係の変遷は興味深いケースとなりました。

古森義久

軍事協力機構・AUKUS結成へ

常軌を逸したモリソン首相への攻撃

オーストラリアはその後、中国に対しては毅然とした態度をとるようになりましたね。

二〇一九年十二月ごろから中国の武漢市で発生した新型コロナウイルスはオーストラリアをも襲いました。中国当局のその当初の対応が国際的な問題となりました。習近平政権がコロナ感染を隠したために、全世界への拡散が加速された、という非難が全世界に広がりました。

同時にこの邪悪なコロナウイルスが武漢地域で一体、どのようにして発生したのか、という疑問も国際的となりました。武漢市には年来、中国政府のウイルス研究所が存在しているので、この研究所から今回のウイルスも流出したのではないか、という疑問も広まりました。

そんな情勢だった二〇二〇年四月、オーストラリアのスコット・モリソン首相が公式に武漢に国際調査団を派遣して、徹底した独立調査を実施することを提案しました。「独立」とは中国の意向に影響されない、という意味でした。この時期に世界のだれもが思っていたようなごくふつうの考えだといえましょう。

ところが中国政府はこのモリソン首相の提案に猛烈な反撃を加えてきたのです。中国政府はすぐにオーストラリアからの牛肉の輸入を禁止してしまいました。さらにオーストラリアから大量に輸入してきた大麦やビールにも懲罰的な関税をかけました。

中国政府はそのうえにオーストラリアへの中国人学生の留学や観光客の訪問をも大幅に規制して、減らしてしまいました。中国とオーストラリアの経済関係は中国が豪州産の原材料類を輸入するという部分がもともと大きかったのです。だから中国側が強い立場にあり、気にいらないことが起きての経済制裁ではオーストラリアからの輸入の削減という手段で豪州側に苦痛を与える、というわけでした。

中国はさらにモリソン首相への攻撃をかけ続けました。同首相の武漢調査団の提案は中国に対する不当な干渉であり、根拠のない侮辱だと糾弾したのです。中国政府は連日のようにオーストラリア政府やモリソン首相個人への悪口雑言と呼べる非難の言葉を浴びせるようになったのです。

中国官営の新聞の環球時報は「オーストラリアなど中国の履く靴の底にへばりついたチューインガムだ」とまでののしりました。

それでもなおモリソン首相は和解への道を求めたことがあります。二〇二〇年十一月に同首相は「なんとか豪中関係を改善する方法はないのか」と発言したのです。すると中国側の駐オーストラリア大使が「十四項目の不満」というのを提示してきました。

その内容はオーストラリア政府が次世代通信規格「5G」の通信網から中国企業を排除しているのを「不満」として、その規制の解除を求めるなど、その十四項目のすべてをオーストラリア側が改めれば中国の態度は変わる、という傲慢な姿勢でした。

オーストラリア側がとても呑めないような屈辱的な内容の要求だったのです。豪州側はもちろん拒否です。その結果、オーストラリアは中国への不信感を一層高めたといわれています。

アメリカがオーストラリアに原子力潜水艦を供与

こうした言動は中国という国家の特質をきわめてわかりやすく象徴していたともいえます。自国にとって不利な、あるいは気に入らない言動を他国の政府や代表がとれば、それこそ十倍返し、百倍返しで、報復措置をとるのです。

ただし中国のその報復の経済制裁や言葉での猛攻撃は相手を選ぶ場合が多いといえます。相手がアメリカのような強大国、しかも国内での中国に対する反発が岩盤のように一致している相手には、そう簡単には報復には出てこないようです。

しかしオーストラリアの場合、禍を転じて福とする、とでもいいましょうか。中国にさんざんに浸透され、経済制裁をも受けた結果、中国をしっかりと抑止する態勢を強めるようになりました。その第一はアメリカ、日本、インドと連携する日米豪印戦略対話への積極的な参加です。

この四ヵ国対話は、Quadrilateral Security Dialogue 略称Ｑｕａｄ（クアッド）と呼ばれる枠組みです。オーストラリア、アメリカ、日本、インドがインド太平洋地域で中国の不法な膨張を抑えることをまず念頭において、安全保障上の協力を進める、という提携です。

この構想は故・安倍晋三氏が唱えた「自由で開かれたインド太平洋」という概念に立脚して、自由でも開かれてもいない独裁国家の中国の横暴を抑えようという狙いです。オーストラリアはこの枠組みの積極的な参加国となりました。中国を警戒するという基本の認識ができたからこその動きでしょう。

オーストラリアは中国を抑止するためのさらに果敢な動きに出ました。オーストラリア（AU）、イギリス（UK）、アメリカ（US）による軍事協力機構「AUKUS」への参加です。二〇二一年九月に誕生したこの機構ではアメリカがオーストラリアに原子力潜水艦を供与することになりました。

原子力潜水艦保有国は非常に限られています。イギリスは、アメリカと特殊な関係を築いてきたので、一九五〇年代からアメリカから原子力潜水艦の技術提供を受けてきました。他にも、ロシア、フランス、中国、インドが原子力潜水艦を保有しています。

潜水艦の世界ではその動力が原子力か否かで性能には天と地ほどの差があります。核兵器を持たない国で原子力潜水艦を保有するというのはオーストラリアが初めてです。

インド太平洋で非核国のオーストラリアが原子力潜水艦を保有するというのは、明らかに中国への牽制です。

モリソン首相はオーストラリアの潜水艦を原子力にしなければいけないと考え、アメリカに必死で頼んだことが、ＡＵＫＵＳ結成の背景だと報じられました。

潜水艦には弾道ミサイルなどを発射するミサイル発射型と、海上艦艇や他の潜水艦を攻撃する攻撃型の二種類があります。攻撃型の潜水艦を中国は約六十隻、アメリカは約五十隻、保有しています。それにくらべてオーストラリアは古い潜水艦を八隻ほど保有しているだけ、しかも使い物にならなくなってきているといわれています。

だから中国の軍事的脅威に備えて、なんとか潜水艦戦力を拡充しなければならないとモリソン首相らは考えるようになったのでしょう。その背景にあるのが中国のいまのオーストラリア敵視の姿勢でしょうね。

第六章

日米両国がモンスターを生んだ

クライド・プレストウィッツ

中国経済に対するアメリカ官民の熱心な支援

中国を強大にしたアメリカの誤算

中国がいまや世界の覇権を志向し、アメリカを主敵とみなすという現実はほとんど疑問の余地はないですね。しかしつい最近までは中国はそんな覇権国家とはみなされなかった。覇権という言葉を連想させるほどの実力も持っていませんでした。では中国はどうしていまのような強大かつ野望の国家になったのか。

簡単にいえば、アメリカが中国を強大にしたのです。しかもその強大にする過程では誤算に誤算を重ねてきました。その根底にあったのは楽観であり、善意だったかもしれません。しかし結果としてまちがえたのです。中国をより豊かに、より強くすれば、アメリカや国際社会に協調的になり、国内の統治もより民主的になるだろう、という予測がまちがっていたのです。この点では日本も似たような道を歩んだかもしれませんね。

アメリカの誤算についてはおもしろい逸話があります。米側で中国との交流のドアを最初に開いたのはリチャード・ニクソン大統領です。一九七二年二月の突然の中国訪問は世界を驚かせました。

彼は中国首脳と会談し、その後の米中国交樹立への道を開きました。そのニクソン氏が最初の訪中から二十年ほど後に、著名なジャーナリストのウィリアム・サファイア氏のインタビューで、あの訪中や対中和解は、もしかすると、まちがいだったかもしれない、と疑問を吐露したのです。そしてニクソン氏は「われわれはフランケンシュタインを創り出してしまったのかもしれない」と述べたというのです。

フランケンシュタインはご存じのようにイギリスの小説の主人公である怪物です。特定の人間が造成した怪物がやがてはその創造者をも襲うというフィクションです。この反省を私は重視します。中国は現代世界のモンスターによくたとえられますが、それを生みだしたのはアメリカではないか、という皮肉をこめた指摘を私は排除することができません。

とにかくアメリカは中国を支援することに一生懸命でした。私自身の初めての中国訪問でもアメリカ政府の対中支援への意欲はものすごかったといえます。私は一九八二年秋にアメリカ政府最初の中国への経済貿易使節団の一員として北京などを訪れました。私の身分は時のレーガン政権の商務次官補でした。

当時は米中国交樹立からまだ三年、中国経済は鄧小平の改革開放の方針の下に近代化は始まっていたとはいえ、工業のインフラなどはなく、外国企業の参入も全国に四ヵ所だけ開かれた四つの特別経済区に限られていました。

中国側の経済上のまず最大の関心事は農業の共産主義的な集団経営を減らして生産活動を個人にゆだね、利益をあげるインセンティブを与えることでした。古い共産主義の国家の統制、計画経済が主体だったのです。主要企業もみな国有でした。アメリカはそんな状態をもっと効率のよい市場経済へと転換させる支援をしたのです。いまからみれば信じられない話です。

天安門事件は中国への本格進出の絶好のチャンスだった

中国経済はアメリカ官民の熱心な支援を得て一九八〇年代には国内総生産（GDP）で三倍近い急拡大を達成しました。ところが一九八九年六月には天安門事件が起きました。中国当局は天安門広場に集まり、民主化を求めた自国民を多数、殺したのです。全世界が中国政府を糾弾しました。アメリカでも激しい非難が起きました。アメリカ政府も公式には中国支援のプロジェクト多数を停止しました。他の諸国も同様に中国への経済制裁を実施しました。

その結果、中国経済はそれまで一〇％以上の成長率だったのが四・二％とか三・九％へと激減しました。それでもアメリカの時の初代ブッシュ大統領は天安門での弾圧には激しい非難をぶつけながらも、画期的な発展をみせてきた米中経済関係が破綻するのを避けるため、それまでアメリカ政府が中国に対して付与してきた貿易面での最恵国待遇（ＭＦＮ）を継続させたのです。「中国を完全に孤立させるべきではない」という理由をあげていました。

ブッシュ大統領は同時に国家安全保障担当の大統領補佐官ブレント・スコウクロフト氏をひそかに北京に派遣して、中国側にアメリカ政府は対中関係を決定的に悪化させはしないという言葉を送ったことも、後に判明しました。要するに中国との関係を良好に保ち、その主体はあくまで経済交流だ、という態度だったわけです。

アメリカ政府のこんな動きにアメリカの大企業も同調しました。天安門事件の以前から中国への直接投資を拡大していたアメリカ企業のなかには同事件で各国の企業が後退することを逆に進出の好機とみた向きもありました。

その一例は電気通信機器製造の大企業モトローラ社でした。同社のＣＥＯのロバート・ガルビン氏から私は直接に聞いたのですが、天安門事件は中国への本格進出の絶好のチャンスだったというのです。

実際にモトローラ社は一九九〇年代のはじめから中国に本格的な電気通信機器、とくに電話を製造する工場を開設する計画を進めました。しかも一〇〇％のアメリカ側の出資だというのです。

当時の中国政府は外国企業が出てくる場合、必ず中国側の資本を主体にしての合弁企業でなければならないとしていたのですが、モトローラは例外措置を認められました。やはり天安門事件で各国の大企業が後退していた時期だったから、あえて大型投資をするモトローラはとくに優遇するということだったのでしょう。

こうしてアメリカ企業の中国への進出が進み、すぐに大きな潮流となりました。その結果、中国経済は飛躍的に発展していきます。

古森義久

大量のお金を中国にあげた日本

日本の中国援助も異様だった

日本も中国経済の発展には顕著な、というか、ものすごい貢献をしました。日本は中国と国交を結んだのは一九七二年だからアメリカより七年前です。中国との結びつきもそれだけ緊密で、現在とはまるで異なり、国民のレベルでも中国との友好というムードが高まっていました。

中国との貿易も国交樹立の前から活発になり始め、日中友好商社と呼ばれる一群の企業が中核となっていました。ただしその時期は中国側はまだ共産主義体制をかたくなに守り、外国企業の進出は許さず、全体として貿易にもそれほど力は入れていませんでした。

そんななかで共産主義の中国政府とイデオロギー的にも同調を示した日本側の左派勢力と結びつく形で友好商社が登場して、中国側から特権を与えられて特殊分野での貿易を続けるという時期もありました。
しかし日本と中国との経済での関係が本格的に始まり、それが日本による大規模な経済支援につながっていったのは一九七九年の中国側の改革開放以降でした。この時点からの日本の中国援助は異様でした。官民あげて中国の発展のために尽くすというようなムードでした。

日本政府は一九七九年から中国への巨額な資金の提供を始めました。この経済援助は政府開発援助、英語の略称でＯＤＡと呼ばれました。Official Development Assistance という政府から他国の政府への経済開発のための援助資金です。本来、アメリカで生まれた対外経済援助政策で、貧しい国の開発を促す人道的な意味も含めた海外諸国への資金供与でした。

要するにお金を中国にあげるということだったのです。日本のこの行動はアメリカの対中関与よりずっと中国側の利益に密着した寄与だといえますね。なにしろ日本の政府の資金を中国政府に進呈するのですから。モンスターを育てたという点では日本の罪の方が重いといえます。

なにしろ一九七九年から毎年、数千億円という巨額の資金を中国に提供するのです。その方法には単に無償で贈与してしまうのと、貸与、あるいは借款ということでやがては返済してもらう有償というのとがありました。ただしその有償でも中国側の返済は長期の三十年、金利もゼロに近い低利で実際には贈与と変わらないのです。だからODAと呼ばれたわけです。他国に資金を貸すという商業性はないのです。

ただしアメリカは当時も中国にODAを与えることはしませんでした。政府の公的資金、つまり国民からの税金を中国に贈呈するという日本方式まではとらなかった。その理由はたぶんに海外援助法という規定のなかに共産主義国家にはアメリカの政府援助は与えないという一項があったためです。日本にはそもそもODAを規定する法律さえなかったのです。

日本政府からの贈呈に等しい支援・七兆円

日本から中国への経済援助は実はODAだけではありませんでした。ODA開始と同じ一九七九年から「資源ローン」という名称の政府資金が中国に提供され始めたのです。ODAに似たカテゴリーの同じ経済援助でした。日本側でこの資金を出す母体は大蔵省と日本輸出入銀行でした。

この対中「資源ローン」は中国側の資源開発という名目で、ODAと同水準の巨額でした。ODAとの差は供与の貸付条件としての金利がいくらか高いだけでした。その金利も一般の融資や貸付とは異なり、経済援助という定義に合致する寛大な低率だったのです。

この中国への「資源ローン」の総額は一九九九年までに三兆三千億円と、その時点でＯＤＡ総額を超えていました。

日本から中国へのＯＤＡ供与はなんと四十年近く続きました。二〇一八年十月、安倍晋三首相がついに終結を宣言したのです。それまでの対中ＯＤＡ供与の総額は三兆六千億円にも達しました。そのうえに前述の資源ローンを加えれば、日本から中国への援助総額は実際には約七兆円という巨大な金額だったのです。

この七兆円というのは繰り返しますが、日本政府からの贈呈に等しい支援、しかも本来、日本国民に帰属すべき公的資金なのです。この巨額の資金がみな中国の国家建設に投入されたのですから、強大な中国の誕生には日本の支援が大きかったといえるわけです。このＯＤＡ支援のほかに日本の企業やその他、民間からの中国援助も莫大な規模となりました。

当時の日本側にはとにかく中国を助けたいという心情が広範にありました。一つには日中戦争で日本軍が中国各地に出撃して、明らかに中国側に被害をもたらしたことへの贖罪意識がありました。その戦争に関して日本は東南アジア諸国には賠償を支払ったのですが、中国には払わなくてもよいこととなっていました。

これは戦後、中国側で戦時中の日本の主敵だった中華民国政府の蔣介石総統が「以徳報怨」（徳をもって怨みに報いる）として日本への賠償請求権を放棄したことに由来します。その後を継いだ北京政府も同様の態度をとったのです。しかし現実には中国側には日本からの賠償を期待する意向は強く、日本の対中援助にはその意味あいも微妙な形で含まれていたといえます。

しかし日本のＯＤＡは中国の国家の骨組み建設への正面からの貢献となりました。まずこの援助は政府から政府への資金の提供です。その援助の対象はすべて中国側からの要請により選ばれ、大部分が経済開発のインフラ建設に投入されました。鉄道、高速道路、空港、港湾、通信網などの建設です。中国全土の鉄道の電化の四〇％、港湾施設の一五％が日本のＯＤＡ資金で建設されました。他の諸国がこの種のインフラ建設にはまったく援助を出さなかったことを考えると、驚嘆すべき中国政府への貢献だったといえます。

日本の公的資金が中国側の民間の貧困救済とか人道支援とかに投入される部分というのはほとんどゼロだったのです。中国共産党政権の富国強兵の国是をまともに推進する結果となったのです。

しかも日本の対中ＯＤＡの金額は一年ごとではなく五年単位の一括供与方式が採用されました。だから五年分で一兆円近くの巨大な金額が決められたのです。そしてその援助は中国政府の五年単位の国家開発計画にシンクロナイズされていました。中国の同計画の国家予算に日本のＯＤＡ資金が最初から組みこまれていたのです。

制裁を破る突破口として利用された日本

さてプレストウィッツさんが天安門事件の際のアメリカの甘い対応を指摘しました。だが日本の対応はさらにもっと中国側に甘かったのです。

天安門事件に対してわが日本政府は当初から中国当局への非難をためらいました。一九八九年七月、つまり事件からわずか一ヵ月後に開かれた先進七ヵ国首脳によるアルシュ・サミットでは欧米諸国がこぞって中国政府を激しく糾弾し、制裁として中国への経済援助や政府高官交流などを停止することを提唱しました。しかし日本政府は「中国を孤立させてはならない」という擁護の姿勢だったのです。

当時の宇野宗佑首相はアルシュ・サミットの直前、前任の中曽根康弘、鈴木善幸、竹下登という三人の総理歴任者に意見を聞いたところ、みな「日本は中国と最も近く、経済協力関係も緊密だから」というような理由をあげ、対中制裁には反対、あるいは慎重に、という答えを得たとのことでした。

そこには明らかに民主主義擁護、人権尊重優先という普遍的な価値を重んじる発想はなかったといえます。中国の国民への同情という人道主義からの配慮もうかがわれなかったのです。

だがそれでもアルシュ・サミットでは日本は欧米諸国に押し切られた形で中国へのODAの主要部分だった有償援助を停止としました。無償援助はそのままでした。しかし日本政府は翌年の一九九〇年には停止していたODAを各国に先駆けて復活させました。

一般レベルでの中国への渡航の自粛という日本政府の通達もすぐにキャンセルとなりました。一九九一年には時の海部俊樹首相が西側諸国では最初の政府トップとして中国を訪問しました。しかも天安門事件の弾圧の責任者の一人、李鵬首相ともふつうの会談をしています。さらに翌年の一九九二年には日中関係の歴史にも特筆される昭和天皇の訪中というところまで発展したのです。

こうした日本の動きはひたすら中国共産党政権との関係を緊密にするという姿勢を国際的にも際立たせました。中国側はその日本を対中制裁を破る突破口として政治利用していたのです。その本音のような回顧を当時の中国外相だった銭其琛氏が率直に述べていました。以下はその「銭其琛回顧録」からの記述です。天安門事件からわずか二ヵ月後の状況の回顧です。

《中国に対して共同で制裁を科してきた国々の中で、日本は終始、積極的ではなかった。

私は一九八九年六月にパリの国際会議で日本の三塚博外相と会談した。彼は私に対して、「先進七か国首脳会議で、日本は中国のために釈明し、西側の対中制裁をエスカレートしないよう説得した」と語った。中国が安定を回復するにともない、日本は一九九〇年には大型ODAを再開した。日本は西側の対中制裁の連合戦線の最も弱い輪であり、中国が西側の制裁を打破する際におのずと最もよい突破口となった》

銭氏自身が「突破口」という言葉を使っていたのです。

クライド・プレストウィッツ

アメリカ経済の力を削いだ対中進出ラッシュ

中国のWTO加盟でアメリカは巨額な貿易赤字

中国は二〇〇一年に世界貿易機関（WTO）に加盟しました。アメリカ政府が賛成し、奨励した結果です。この結果、中国は貿易面で一般の市場経済の国家と同じ待遇を受けるようになりました。中国はそれまでもアメリカから貿易面で最恵国待遇を受けていましたが、この待遇は中国がまだ完全な市場経済ではないという理由で毎年、その延長の是非を審議されていました。一年ごとの更新だったのです。

しかし中国はWTO加盟によって恒常的にその待遇を得ることになりました。中国の貿易が飛躍的に拡大していきます。

このころアメリカでは時のクリントン政権が中国との経済の絆の拡大を主要政策として掲げていました。その理由としては「自由な貿易の拡大は中国を対外的にオープンにして、他の諸国との協調を広げる」とか「貿易拡大によるグローバリゼーションは中国を国際社会での責任ある利害保持者（ステーク・ホルダー）にする」という意見が表明されていました。

さらに二〇〇一年当時はアメリカの中国に対する貿易収支の赤字が増大して、アメリカ経済に悪影響を与えるという懸念が広がっていました。しかし中国をWTOに入れれば、その赤字が大幅に減る、という見通しがクリントン政権の通商代表シャーリーン・バーシェフスキーや商務長官ミッキー・カンターという人たちによって幅広く宣伝されていました。アメリカの対中貿易赤字はすぐにいまの半分になる、というような予測でした。中国がWTO加盟によりその輸入関税を大幅に減らすだろうという見通しからでした。

ところが現実は正反対となりました。二〇〇一年には八百三十億ドルだったアメリカの対中貿易赤字は二〇〇二年に千三十億ドル、二〇一〇年には二千七百四十億ドル、そして二〇一八年にはなんと四千億ドルに達しました。その理由は中国側の輸出が拡大に拡大を続けたこと、その輸出をアメリカなどの主要国企業が中国に生産拠点を移すことで助けたこと、などでした。その結果、アメリカ国内の雇用は少なくとも五百万人分が失われました。

中国からの廉価の輸入品の激増でアメリカの一般消費者が利益を得る、さらに国内全体のインフレ上昇が防げる、というプラス面もありました。しかしアメリカ側の赤字は中国側のドル建ての黒字として堆積されます。その巨額な資金は結局は中国共産党政権の手元に集まるわけです。

アメリカ側には中国が輸出入を活発にすれば、市場経済への移行が早まり、国有企業、国営企業の規模や役割が減るだろうという期待もありました。しかしこの期待も的外れでした。中国当局は年来の国有、国営の主要企業の一部を表面上は「民営化」するという措置をとりましたが、実態は依然、国家が主役という状況が変わりませんでした。

アメリカの雇用や競争力を落とす生産拠点の移転

一方、アメリカの企業が中国へ進出していく勢いはものすごい奔流のようになりました。

たとえば最大手の電気機器企業のゼネラル・エレクトリック（ＧＥ）は二〇〇九年、同社の航空電子機器製造部門の生産拠点を中国に移し、中国側の国有企業、中国航空工業集団有限公司との合弁企業を設立すると発表しました。この新会社の本社は上海におくというのです。

この発表は中国のＷＴＯ加盟から八年も経っていましたが、大きな波紋を起こしました。まずＧＥというアメリカでもあまりによく知られた看板大企業が航空機エンジンなど航空業界にとってのハイテクの枢要機器を製造する拠点を中国に移してしまうという対中投資の規模の大きさです。

次にアメリカ大企業の中国進出は中国での労働者の賃金がきわめて安いという点に惹かれてという場合が一般的だったのに対して、ＧＥの航空機器部門はハイテク分野であり、それほど多数の労働者、技術者の雇用を必要としないのです。だから効率からいってもアメリカ国内で生産を続けたほうが有利と思えたのです。

それでもなおＧＥが中国移転を決めたのは、中国当局が多様な優遇措置を示し、とくに急速に発展していた中国の航空産業がＧＥの航空機関連の製品を大量に購入することを約束したからだとも伝えられました。

このときのGE会長のジェフ・イメルト氏はオバマ政権の雇用・競争力委員会の委員長を務めていました。そんな公的な立場の人物の企業がアメリカの雇用や競争力を落とすような中国への生産拠点移転という措置をとったわけです。この時期、アメリカ大企業の間で中国への進出がいかに熱気を帯びて盛んになっていたかの例証だともいえます。

知名度のきわめて高い電話機器製造のアップル社も二〇一〇年ごろから中国での本格的な生産を始めました。やがてはアメリカの企業なのか、中国の企業なのか、わからないほど中国への依存が大きくなりました。

アップルの例でも中国で工場を建て、従業員を雇い、生産を始めるという過程では中国当局と組むに等しいわけで、従業員の賃金が安いだけでなく、労働組合もないアメリカでの操業では厳しく規制される環境保護への義務もほとんどない。税制面での優遇を受ける。こんな利得があるわけです。

しかしこうしたアメリカ企業の対中進出ラッシュは決してアメリカ側の意欲の結果だけではありませんでした。中国側のものすごい勢いの勧誘も大きかったのです。この点では私自身の忘れ難い体験があります。時系列的には中国のWTO加盟以前にさかのぼりますが、一九九九年、私はアメリカの半導体など製造大手のインテル社の幹部たちと中国各地を視察しました。各地でインテルの工場建設について中国側の当局者たち多数と協議を重ねました。

中国側の各地の当局者が口にする言葉はみな奇妙なほど同じでした。「インテル社はいつ中国に工場を開設できるのか。早くしないとインテル社の中国でのよいイメージが得られなくなる」というのです。この言葉は言外に「投資を早く決めないと、よくないことも起きるかもしれない」という脅しをも感じさせました。

そのうえで中国側はいまインテル社がここに半導体製造工場を建てると、その費用はどのくらいか、と必ず問いただすのです。私たちは当時の価格で四十から五十億ドルだろうと答えました。

すると、中国側は工場用の土地を無料で提供し、税金も最初の十五年間はなし、電気、水道などの公共料金も半額、中国人従業員の事前の教育費用も中国側負担、そのうえで十億ドルほどの出資も考える、という申し出をしてきました。これでは辞退することが難しい、ということになります。中国側のこの種の勧誘工作はそれは熱心なものでした。

このようなアメリカ企業の中国での活動が中国の経済力、国力を増強していったわけです。

古森義久

ODAの悪しき効用

中国側ではなんの認知もされていなかったODA

日本も中国の強国化に寄与した典型例としての政府開発援助、つまりODAの悪しき効用について、さらに報告させてください。日本政府はそもそもODAだけでも三兆数千億円をいったいなんのために中国に贈呈したのか。当初の目的は「日中友好」でした。

中国へのODAが始まった一九七九年当時の大平正芳首相はその目的として公式にも「日中友好」を強調していました。その後、ODA総額が大幅に増えた一九八八年当時の竹下登首相は「中国人民の心へのアピールが主目的」と明言しました。これまたカギは「友好」でした。

この場合の「友好」とは、ODAにより中国側の官民に日本の善意を示し、努力をみせ、なんらかの形の認知や感謝を得て、中国側官民の日本に対する感情や態度、政策をよりよくすることでしょう。

だがその効果はまったくなかった。中国政府が日本のODAについて自国民になにも知らせなかったからです。中国政府自体も日本からの援助を公式に認知することがまずなかった。この実態は私自身が中国での体験で頭を叩かれるようなショックを受けながら実感しました。

私が中国に駐在して何ヵ月もかけ、取材した結果、日本側が官民あげて日中友好への祈りをもこめて供した巨額の血税の贈与は中国側ではなんの認知もされていなかったことを確認せざるをえませんでした。

私が北京にいた一九九九年九月、日本からのODA三百億円で建設された北京国際空港の近代ターミナルが完成しました。中華人民共和国の建国五十周年を記念する一大事業とされる巨大プロジェクトでしたが、日本の援助という事実はまったく明かされなかったのです。

独裁や抑圧はずっと激しくなった

日本の対中ODAには中国の民主化を促進するという目的も一応、うたわれていました。日本政府はODAの実施指針として「ODA大綱」という規定を設けていました。法律ではなく、きわめて緩やかな方針の説明でしたが、それでも当時の日本政府が対外的に最大の売り物にしたODAに関する唯一の公的指針でした。

その大綱がODA供与は相手国の「民主化の促進」や「人権や自由の保障」に合致せねばならないと規定していました。日本のODAは本来、民主主義の広がりや人権と自由の順守を目的とするという指針でした。逆にみれば、日本のODAは民主主義や人権や自由を否定する国には提供されてはならないはずでした。

だが対中ODAは最初から最後までこの規定に違反していました。供与先の中国は一貫して共産党の独裁支配下にあり、民主主義も個人の人権や自由も抑圧されたままだったからです。

それでもなお日本のODA供与が中国の民主化を目指す、という意図が日本側にあったのか。あるいはODA供与の結果、中国側での民主主義への動きがいくらかでも促進されたのか。

この二つの疑問への答えは当然、探索され、検証されるべき重要点でした。しかしこの答えは残念ながら、完全なノーでした。中国では建国以来、いまにいたるまで民主主義が封殺されていることはあまりに明白です。

日本の対中ODAが始まった一九七九年と、それが完全に終わった二〇一八年と、この両時点での中国での民主化や人権、自由の状況をくらべてみることも一考でしょう。ODAの終結時の現在のほうが開始時よりも非民主的状況、つまり独裁や抑圧はずっと激しくなったことが明白です。

インターネット大企業が監視や弾圧に協力

クライド・プレストウィッツ

製造業の発展を強制的に進めさせた

日本のODAが中国のインフラ建設に集中的に投入されたという古森さんのさきほどの指摘は重要です。中国全体として自国の資本でも外国からの投資でも援助でも、とにかく自国の発展の最優先手段としてインフラを建設することは中国共産党政権の基本方針でした。インフラ建設は製造業の発展に、そしてその発展は中国全体の富国強兵への躍進につながる、という国家目標です。

中国指導層は自国の経済の発展、ひいては総合的国力の発展のためには産業の基盤となるインフラ、つまりインフラストラクチャーの整備に最重点をおいたわけです。インフラストラクチャーinfrastructureとは社会や産業の土台となる施設を意味します。直訳すると「下部構造」ですが、日本語では「社会資本」と呼ばれることもありますね。

インフラとされる施設は、公共的な機能を担う道路、空港、治水施設、港湾、鉄道、公園、上下水道、通信施設、エネルギー供給施設から電気通信網、インターネット、科学研究施設などまでが含まれますね。中国はこのインフラ建設をまず、日本からの援助も含めて外国からの資金の導入で推進しました。

同時に中国政府は自国民の貯蓄に異様なほど依存しました。中国は輸出の急増によって国家としての黒字を急拡大させていました。その黒字拡大を国民の貯蓄でも進めたのです。

中国では改革開放の出発時点一九七九年には国民の貯蓄はGDPの三二%だったのが数年後には五二%、近年でも四五%と、主要国のなかでは突出して高いのです。中国政府はこの豊富な資金をインフラ建設に投入しました。この間、政府による医療保険、教育経費、年金などの保証がないため国民はますます個人の貯蓄を増やすわけです。

中国政府はこの資金をも国内のインフラ建設に充て、各省に主要道路や鉄道、空港などの施設を建てさせるために強制割り当てまでを課しました。地方の省長や市長は自治体としての独自のインフラ建設を進めなければならなかったのです。その先にある国家目標は製造業の発展でした。

中国政府は国内での製造業の発展を上意下達で各界に命令を発して、強制的に進めさせました。具体的には鉄鋼、造船、繊維、一般用電気製品、製靴、機械、工作機械、鋳造、鍛造など多彩です。こうした製造業の立ち上げをインフラ建設の際と同様に中央が地方の省や市の長に割り当てとして命令したのです。

未発展の経済を発展させるためにはやはり製造業、つまり第二次産業の開発がベストです。農業などの第一次産業は当時の中国のような開発途上経済の場合、規模が大きくなると、かえって生産性が下がる場合が多いのです。この点、工業は規模が大になればなるほど、大量製造で生産性が高くなります。

まして当時の中国は労働者の賃金がきわめて安いという利点がありました。一九九〇年の時点で中国の工場労働者の平均賃金は年間総額一千ドルほどでした。アメリカの工場労働者の賃金は年間二万ドルだったのです。この点は外国企業の製造拠点を中国に呼びこむうえでの武器でした。

若い中国人男女が大量にアメリカに

しかし中国が国内で自国、外国の両方の製造業を大幅に増やしても、その製品をすべて消費する需要がなければ、うまくいきません。中国の国民が大量の工業製品を買うというところまでは国内需要が十分ではなかったのです。中国当局はこの点を補うために輸出に依存しました。中国内部で製造された商品を最大限、諸外国に輸出するのです。この点で利用されたのが外国企業でした。

中国に工場を開設した外国企業はその製品の一定部分を必ず中国から外国に輸出することを義務づけられたのです。たとえばアメリカのガラス製造の大手企業、コーニング・ガラス社が中国の工場で年間一億ドル相当の製品を作った場合、その半分は輸出に当てることを強制されるというわけです。

中国への外国からの進出企業はみな中国側との合弁を強制されることはすでに話しましたが、中国側で労働者や事務職などを雇う際も中国当局が指定とか推薦する人間のなかから選ばねばなりません。中国側のその目的は外国企業の高度技術を取得することです。そんな取得ができる人材が中国当局によって選抜され、合弁企業のなかに入ってくるのです。

もう一つ、中国の経済がわりに短期の間にあれほど強力になった要因として教育があります。この点でもアメリカの対中協力は大きかったのです。当時の中国は経済開発を進めるために欠かせない人材が少なかった。

中国独自の教育制度はまだまだ不十分だった。その点を補うために中国当局は若い中国人男女を大量に外国に留学させるという方針をとりました。文字どおり、何万、何十万という中国人の学生や研究者を留学させたのです。

その留学先はまずアメリカでした。この計画にきわめて積極的に協力したのが当時の初代ジョージ・ブッシュ大統領でした。中国からの留学志望の男女に入国査証をどんどん出すという政策をとったのです。

アメリカ議会にはその政策に難色を示す向きもありました。しかしブッシュ政権は中国人留学生たちにアメリカの名声ある大学や研究所のドアを大きく開けたのです。その結果、多数の中国人がハイテク分野や経済開発分野での専門の技術や知識を取得して帰国し、中国のその後の発展に大きく寄与したのです。

「中国のインターネット＝自由の道具か、抑圧の道具か」

中国の経済開発のこの驀進のプロセスでアメリカ側の大企業、多国籍企業のトップが中国当局におもねり、協力を重ねたことはすでにお話ししました。しかしこの協力が単に中国の経済開発だけでなく、国民弾圧という領域にまで及んでいたことはとくに強調しておくべきです。

アメリカのインターネットの大手企業が中国共産党政権の国内での国民の監視や弾圧に協力するという実態があったのです。

幸いにアメリカ側では議会の有志がこの実態を取り上げて、アメリカ企業側を非難しました。二〇〇六年二月に連邦議会下院の国際関係委員会が開いた公聴会でした。このあたりはアメリカ側の健全さをまだ立証していました。

この公聴会は厳密には下院国際関係委員会の傘下にあるアジア太平洋小委員会と人権小委員会が合同で開催した「中国のインターネット＝自由の道具か、抑圧の道具か」と題する審議で公聴会を開きました。この場でアメリカの大手インターネット関連企業四社が中国政府の言論弾圧や民主活動家逮捕に協力したことに対し、共和、民主両党の議員から激しく非難されたのです。

企業側は「中国の法律に従わざるをえなかった」と弁解しましたが、人権擁護団体などの代表らからも道義の欠如を糾弾されたのです。この公聴会の記録が手元にあるので、少し具体的に報告しておきましょう。

人権小委員会の委員長クリストファー・スミス議員（共和党）がまず「中国ではインターネット使用者が一億人を超え、世界第二の数ともなったが、共産党がインターネット自体を規制するとともに、それを人権抑圧の手段にも使っているなかで、アメリカ企業がその手段を強化する役を果たしている」と問題提起をしました。そして中国ではそれまでにインターネットに関連して計四十九人の反政府活動家、三十二人のジャーナリストがそれぞれ逮捕されたことを報告しました

スミス議員はさらに個別のアメリカのインターネット企業の中国での動きとして以下のような実例を指摘しました。

《ヤフー社は二〇〇五年、中国当局の求めに応じ、ネットで活躍する中国民主活動家に関するネット情報を提供し、同活動家の逮捕と仲間の六人の起訴に寄与した》

《ヤフー社は二〇〇三年にも他の活動家についての個人情報を中国当局に提供し、同活動家は逮捕されて国家転覆扇動罪で懲役八年を言い渡された》

《グーグル社は中国での検索サービスで「民主主義」、「台湾独立」、「人権弾圧」、「天安門事件」などという特定の言葉を除外し、中国当局の検閲方針に合わせた》

《シスコシステムズ社はネット上に特定の言葉が出ると、自動的に警察に通報する「ポリスネット」というソフトを開発して、中国側に提供した》

《マイクロソフト社は二〇〇五年十二月、中国当局の抑圧的な政策を批判する人気ブログを当局の意向を受けて一方的に閉鎖した》

スミス議員は以上の実例をあげて、これら企業の行動を「アメリカの基本的価値観に反する」と非難しました。アメリカの内部にもこうした自浄、自省の動きはあったのです。

大手インターネット企業の幹部が顔をそろえた公聴会

この公聴会には非難された大手インターネット企業の幹部が顔をそろえていました。そして議会側からの非難に対して釈明の言葉を述べていました。その内容を簡単に報告しておきましょう。

ヤフー社のマイケル・カラハン副社長は「二〇〇五年の民主活動家に関する情報の当局への提供は何が目的か知らないまま、命令に従っただけでした」と釈明し、「後に不快感を中国当局に伝えました」と証言しました。

グーグル社のエリオット・シュラージ副社長は中国当局の検閲に従ったことについて「やがては中国のユーザーを利する道の第一歩だと思いました」と弁明しました。まあ率直な言葉ではありましたね。

シスコシステムズ社のマーク・チャンドラー副社長は中国警察への協力に関して「中国

の法律に従っただけです」と弁解しました。マイクロソフト社のジャック・クラムホルツ法律顧問はブログ閉鎖について「全体とすればマイナスよりもプラスが大きい措置だと思いました」と答えていました。

しかし議員側からは「あなた方の中国での忌まわしい行動はまったくの恥辱です」（トム・ラントス民主党議員）とか「グーグル社などは中国政府の役人のように行動していますね」（ジム・リーチ共和党議員）という批判があいつぎました。

当時の二代目ブッシュ政権を代表した証言もありました。ジェームズ・キース国務省顧問です。この人も「中国政府のインターネットの内容の監視や規制は昨二〇〇四年に加速され、利用者にとって恐るべき状態となっています」と警告しました。初代ブッシュ政権よりは中国に対して警戒や懸念をも示すようになっていたのです。

またこの公聴会では民間団体代表も証言しました。「国境なき記者団」の代表や中国人権状況の監視組織の代表も証言して、アメリカ企業の中国政府へのこうした協力を「言論弾圧行為」だと非難していました。

ODAが中国の軍事能力の増強に寄与した

古森義久

インフラ建設に使われた対中援助

中国共産党政権に貢献してしまった実例として、日本側にはさらに重大な要素がありました。日本のODAの援助が中国の軍事能力の増強に寄与したという実例です。では日本の対中ODAは具体的にどのように中国の軍事力増強を助長することになったのか。いくつかの側面がありました。

第一には日本のODA資金が中国政府に軍事費増加への余裕を与えたことです。当然ながらカネはどう使ってもカネです。

中国政府が非軍事の経済開発に不可欠とみなす資金が多ければ、軍事費には制約が出てきます。だがその経済開発に日本からの援助をあてれば、軍事に回せる資金は増える。ごく単純な計算です。

たとえば中国の公式発表の国防費は一九八一年は百六十七億元、日本円で約二千六百億円でした。この金額は一九八〇年代から九〇年代にかけての日本の対中ＯＤＡ一年分に等しかったのです。だから日本のＯＤＡが中国の国防費を補っていたともいえるでしょう。

第二には日本のＯＤＡで築かれたインフラ施設が中国軍の軍事能力の強化に間接に寄与したことです。

先にも述べたように日本の対中援助の大部分は鉄道、高速道路、空港、港湾、通信網などのインフラ建設に投入されました。この種のインフラ施設が軍事的な効用を発揮するのです。人民解放軍総後勤部（補給や輸送を担当）の楊澄宇参謀長は一九九八年に「地域戦争のための兵站支援」という論文で述べていました。

《戦時には鉄道、自動車道、地下交通路を使っての軍需物資や兵員を運ぶ総合的システムが必要となる》

まさに戦争遂行能力の向上には日本のＯＤＡの主対象のインフラ建設が不可欠だというのでした。

一九九九年はじめに人民解放軍系の「中国国防報」に載った「高速道路も国防の実力」という大論文はもっと直截でした。南京・上海間の高速道路について「戦争が起きたらどれほど大きな役割を果たすかと感嘆した」と書き出す同論文は中国の高速道路が（１）軍事基地や軍事空港との連結（2）砲弾やミサイルの被弾に対する防御（3）軍事管理への即時切り替え（4）軍用機の滑走路や軍用ヘリ発着場への即時転用――という要因を重視して設計される、と述べていました。

この高速道路の建設に貢献したのが日本のODAだったのです。ちなみに日本は一九九九年までに中国の高速道路建設に二千五百億円を提供し、延べ二千キロ十二本を開通させていました。

第三には日本のODAの一部は直接に中国側の軍事力強化に投入されていました。日本のODA三十億円で蘭州からチベットのラサまで建設された三千キロの光ファイバーケーブルの敷設はすべて人民解放軍部隊によって実施され、その後の利用も軍優先だったのです。

中国西南部の貴州省は毛沢東時代から軍事産業の重要地域として有名でした。日本政府はその貴州省にODA資金約七百億円を供与してきました。鉄道、道路、電話網など、ほとんどがインフラ建設でした。

だがこの地域には戦闘機製造工場はじめ軍用電子機器工場群や兵器資材を生産するアルミニウム工場や製鉄所がありました。その軍事産業インフラへの日本の資金投入は当然、中国側からすればほぼ直接の軍事的寄与でした。

台湾攻撃能力の向上にも寄与

日本のＯＤＡが中国軍の台湾攻撃能力を増強させたという指摘もありました。なんと私はそのことを一九九七年十二月、当時の台湾の総統だった李登輝氏から直接に告げられたのです。台北での単独インタビューの場でした。

《日本政府が中国に援助をすることはわかるが、福建省の鉄道建設強化へのＯＤＡ供与だけはやめてほしかった。福建省の鉄道網強化はミサイルや兵隊の運搬を円滑にして、台湾への攻撃能力を高めるからだ》

当時も現在も中国軍は台湾に近い福建省内に部隊とミサイル群を集中的に配備しています。明らかにいざという際の台湾攻撃のための大規模な配備です。そうした軍事態勢では兵器や軍隊を敏速に動かす鉄道は不可欠であり、軍事態勢の一部だといえます。日本政府は一九九三年にその福建省の鉄道建設に六十七億円の援助を出していたのです。

当時、アメリカ上院外交委員会元顧問で中国軍研究学者のウィリアム・トリプレット氏は「中国軍にとっては有事に主力の兵器や部隊を内陸の奥地から沿岸へと最大速度で移すことが死活的に重要だが、その手段の増強にまさに日本の援助が投入されてきた。日本政府は対中援助の軍事的意味を一度でも考えたことがあるのだろうか」という鋭い疑問を提起していました。

日本政府は本来、この種の軍事寄与につながるODAは出してはならなかったのです。日本政府自身がODA供与の指針とした「ODA大綱」は日本のODAの「軍事用途への回避」を明記していたからです。とくに相手国の「軍事支出、大量破壊兵器、ミサイルの動向に注意」に注意することを義務づけていました。だが対中ODAはこのあたりの規定にすべて違反していたのです。

この「大綱」に従えば、日本政府は軍事費の支出が異様に多い国、軍国主義志向の国、大量破壊兵器やミサイルを大量に保有し配備する国には、本来、ODAを提供してはならないはずでした。だが史上稀なほど大規模で長期的な軍事力増強の道を疾走する中国に日本はODAを与え続けたのです。

そしてその結果、強大となった中国の軍事力によって日本が脅威を受け、日本固有の領土の尖閣諸島などを奪われそうになる。まさに自分がつくり出したモンスターによって自分が襲われるという倒錯の現象を生んだのです。

ここで私はどうしてもやや陳腐かもしれませんが。「資本家は自分の首を絞めるロープまで売る」という共産主義の始祖レーニンの言葉を想起してしまいます。目先の利益だけを追求する資本家ビジネスマンは、敵となる相手にやがては自分たちを傷つけ、殺すことにもなる武器までも売りつけるという意味でした。

日本が中国の強大化にせっせと励んできたのは、結局、日本の首を絞めるロープを与えたということに等しいのではないか。レーニンの語る資本家は潜在敵にロープを「売る」のだからまだよい。日本の場合は、中国にロープを「与えてきた」のです。

その中国がいまや国際規範に背を向けて覇権を広げ、日本の領土をも脅かす異形の強大国家となりました。日本の対中ＯＤＡはそんな覇権志向強国の出現に寄与したのです。日本の外交政策の大失態でしょう。日中国交樹立五十周年に当たる二〇二二年を機に、反省、自省が欠かせないと思います。

第七章

アメリカの戦略、日本の針路

クライド・プレストウィッツ

アメリカの中国対峙・四つの戦略

まずは、対中切り離し策に動け

さて本書の総括は、こんな脅威や敵意に満ちた中華人民共和国に対して、これからアメリカは、そして日本はどう対処していくべきか、です。日米両国に限らず、自由民主主義の世界は中国にどう対応していくべきか、という重大かつ切迫した課題でもあります。

私はアメリカの対応について総括的に提案をします。

第一には、中国との「切り離し」decoupling です。

この表現は過激であり、短絡にも響くでしょう。しかしアメリカにとってのこんごの中国への構えとしては基本的には切り離しを目指す時期にきたと思います。ただ私はこの切り離しという言葉に多様な意味をこめています。

一つにはアメリカは中国との間ではすでに冷戦が始まったと考えるべきです。ソ連との東西冷戦ではアメリカはこれまでの中国との関係とは異なり、経済面での相互依存はほとんどありませんでした。だから経済面でもこんごの中国に対しては旧ソ連とのような関係を考えればよいのです。中国との基本的な経済の絆をなくすという目標に向かうべきです。

この切り離しのなかには当然、中国へのサプライチェーンの依存をなくしていくことも含まれます。サプライチェーン（供給連鎖）とは、周知のように製品の原材料や部品の調達から、製造、在庫管理、配送、販売、消費までの全体の一連の流れを指します。

これまでアメリカ企業のサプライチェーンは中国に依存してきた部分が大きいわけです。中国がアメリカに突きつける脅威を考えると、この状態はやはり変えねばなりません。

アメリカ企業の中国での生産活動、つまり中国への直接投資は全面停止は無理だとしても、縮小、削減の方向へ大きく新針路を目指す必要があります。新たなサプライチェーンの相手としてはベトナム、インド、その他の東南アジア諸国が候補でしょう。アメリカ国内の製造業を増やすことも有効な方法です。

同時に中国企業のアメリカへのかかわりにも大幅な制約を課すべきです。ニューヨークの株式市場に上場する中国系企業に対しては透明性や公正を期すための情報開示を特別に厳格にする措置を設けるべきです。アメリカ議会ではすでにその種の動きがありますが、もっと前進させるべきです。

中国がアメリカ国内で企業や不動産を買収するような行為に対してはいまでも規制はありますが、こんごはさらに徹底して厳しくすべきでしょう。要は経済面で中国とのかかわりを絶ってしまってもよい、いやできればそうすべきだ、ということなのです。

中国はこれまでのアメリカとの貿易でも投資でも不当な利益をあげてきました。その是正のために私は市場アクセス経費（ＭＡＣ）という特別財政措置の新設を提唱します。

この制度は連邦議会上院でもすでに法案として提起されたことがあります。アメリカの対外赤字を減らすためにアメリカに対して黒字を抱えている外国からの財政投資、アメリカの株式や公債の購入のための資金投入にはその投資案件ごとに投資額の一％とか三％という特別の料金支払いを課すという制度です。

この実際の対象はアメリカに対して最大の黒字を抱えてきた中国です。つまり中国からのアメリカへの投資にはその黒字が続く限り、その金額に比例する特別課税がかけられるという仕組みです。この制度はアメリカの対中赤字を減らし、中国の対米投資を減らすという二重の目的を達することができます。広い意味の対中切り離し策だともいえます。

私の中国切り離し策にはアメリカ国内にこれまで三十六万人もいた中国人留学生に対す

る新たな規制をも含めたいです。アメリカの名門の大学や研究所をも含む教育・研究機関で学ぶ中国人男女はそれぞれはみな勉学への意欲を燃やすまじめな若者だといえましょう。しかし中国の独裁体制はそうした留学生たちをも政治の支配下においています。いざ必要となれば、政府の指示によって中国人留学生たちは中国当局のために活動します。

この現状を変えるため、アメリカにいる中国人留学生への監視を厳しくするべきです。同時にこれから応募してくる留学希望の中国人についても入国審査を厳重にすべきです。

「アメリカ大復興」という経済計画を実行

第二には、アメリカは経済を主体とする総合国力を大幅に強くすることです。

中国の経済面での挑戦を跳ね返すにはまずアメリカが強くあらねばなりません。そのためにはアメリカが官民一体で「アメリカ大復興」とも呼ぶべき総合計画を立てて、実行すべきです。具体的には高度技術、インフラ発展、高度付加価値の工業の拡大など国家安全保障ともからんだ国力の強化が目標です。

そのためにアメリカ政府の各省庁、地方の州や市、政府と民間との連帯、さらに経済界、労働組合、学界などすべてを巻き込んだ総合戦略が必要となります。

連邦政府は現在の商務省、エネルギー省、運輸省、アメリカ航空宇宙局（ＮＡＳＡ）、国防高等研究計画局（ＤＡＲＰＡ）などを統合して合併させて競争力省を新設すべきです。同時にＤＡＲＰＡはインターネットを世界でも最初に開発した組織として知られています。同時に半導体やデータベースの開発でも世界の先導役でした。

この競争力省の任務はすべての主要なテクノロジーと産業界の世界的なリーダーシップをアメリカとその自由民主主義の同盟諸国がしっかりと握り、アメリカのインフラストラクチャーを世界一流に保つことです。

その一環として時速三百キロの高速鉄道をワシントン、ニューヨーク、ボストンの間のほか、テキサス州内のヒューストン・オースチン間、ニューヨーク・シカゴ間、サンフランシスコ・ロサンゼルス間などに開設させます。

電気通信ネットワークは全米すべての地域で完全なファイバー光学とします。この種のインフラのアップグレード用支出は前述の市場アクセス経費（ＭＡＣ）の徴収から回すことにします。同時に新たな政府機関としてインフラストラクチャー銀行を創設し、全米のインフラ建設・アップグレードを強力に推進させます。

アメリカ国内の住宅供給の安定化を目的とした特殊法人の連邦住宅抵当公庫（通称ファニー・メイ）は発展解消という形で新設のインフラストラクチャー銀行に吸収されるようにします。

競争力省はアメリカ国内の研究開発（R＆D）を大幅に増加し、これまでのGDPの二％台、三％台を超えて四％台にまで増やし、世界でも最大の科学の研究開発計画を展開するようにします。同時に競争力省はこれまでインターネット開発などで先頭に立ってきたDARPAを同省内の組織として画期的に強化し、予算も大幅に増額します。

さらに従来、商務省の管轄下にあり世界でも最古の物理学研究所とされた全米国立標準技術研究所（NIST）をも画期的に拡大、強化して、世界最高のこの分野での研究機関とします。

5G（第五世代移動通信システム）でもアメリカは中国への対抗策を進めねばなりません。この分野でもいま中国のファーウェイが先頭を走っているからです。アメリカの企業は対抗できていません。シスコ社が試みたけれども脱落し、ルーセント社もいまではフランス企業に買収されました。アメリカはなんとか国家をあげてもこの分野で勝たねばなりません。

アメリカは民主主義陣営の同盟諸国と協力してでも高度技術の多様な分野で中国に勝たねばならないのです。その分野とはロボット工学、人工知能、半導体、バイオテクノロジー、航空、宇宙研究、海底探査、鉱山開発など、人類の将来を左右する科学の領域です。

同時にアメリカの製造業の強化と拡大も中国との競争では欠かせません。アメリカのいまの製造業の産出はＧＤＰのおよそ一一％です。これを少なくとも一六％にまで引き上げることを国家目標とすべきです。

国防予算増で世界一の軍事力を保持し続ける

第三には、アメリカが強固な軍事力を保持し続けることです。

中国は自国の政治的、経済的、さらには領土的、外交的な目標を達成しようとするときに軍事力を使うことをためらいません。かといって、最初から戦争を望んでいるわけでは決してない。だが紛争案件に関して、いざというときには武力を使うぞ、という基本的な姿勢なのです。

そしてここがおそらく最も重要な点ですが、中国は現実に軍事力を使ってきたのです。だからアメリカは中国に軍事力を使わせない態勢を保たなければならない。そしてもし中国が軍事力を実際に使った場合でも、それに効果的に対処できる態勢を保ち、軍事力で反撃しなければならない。これが米中関係の現実なのです。米中対立の最悪シナリオとも呼べましょう。

毛沢東はかつて「政権は銃口から生まれる」と宣言しました。平和愛好の民主主義国家であれば、「政権は国民による選挙から生まれる」ということになりますね。しかしこの違いが中華人民共和国という国家の本質、体質なのです。いまの中国という国家が共産主義の武力革命の成功によって成立したという歴史の基本的事実は揺るがせにはできません。

中国共産党政権は実際に対外的にも成立直後から軍事力を使ってきました。一九五〇年からの朝鮮戦争での米軍、韓国軍との戦いがその最初の実例です。そしてソ連ともインドとも国境紛争からかなり大規模な戦闘を展開しました。さらに一九七九年にはベトナムへの大軍による軍事侵攻です。その後、南シナ海での領土拡張には小規模とはいえ軍事力を繰り返し使っています。

だからアメリカにとって中国との対立や競合には政治や経済、さらには文化という多様な領域がある一方、決して軽視できないのが軍事という分野なのです。

中国は軍事力の重視が顕著な一方、実はその行使については非常に慎重で現実的になるという特徴があります。軍事力を使う際には、相手に勝てるという見通しを確実にしたうえでなければ、橋を渡らない、という特徴です。最初から勝てる公算がない相手、あるいは戦えば中国側の被害もあまりにも重大だと思われる相手には軍事攻撃をかけない、という実利性です。

だからアメリカも中国に軍事力を使わせないという態勢を維持しなければなりません。

つまり戦争の抑止です。この点、トランプ政権が打ち出した国家防衛戦略は的を射ていました。私はトランプ氏には批判を覚える点も多いのですが、この戦略での中国への姿勢は共鳴できます。

そのトランプ政権の国家防衛戦略は中国との戦争を防ぐ最善の方法として「中国との戦争に実際に応じる態勢を保ち、その戦争になれば確実に勝利するという能力を保つことだ」という趣旨を明記していました。

つまりアメリカ側は最悪の事態では中国との戦争も辞さない、そして戦争になれば確実に勝利する軍事能力を保持している。そんなアメリカの姿勢があれば、中国は決して正面からの対アメリカ戦争には踏みきれないだろう。と、こんな戦略思考なのです。中国との戦争の抑止ということです。

トランプ政権はこの大前提の下にアメリカの国防予算を歴史的といえる規模で増額しました。毎年、一〇％を超える増額でした。その結果、中国側の軍事面での行動パターンもオバマ政権時代にくらべてずっと抑制された感じとなりました。この点、バイデン政権は軍事をトランプ政権ほどは重視しないので、気がかりな面もあります。

アメリカはなお世界一の軍事超大国です。しかし中国は急速に追いついています。こんごの対中政策ではアメリカはこの軍事優位を維持しなければなりません。

ＷＴＯを根本的に変えて「民主グローバル化機関」へ

第四には、アメリカは中国との対決に際して他の諸国との連帯を強めることです。

現在の中国の脅威はアメリカだけでなく、他の民主主義の諸国家にとっても同様の懸念を生んでいます。民主主義、人権尊重、法の支配という普遍的な価値観を共有する諸国にとって現在の中国のあり方は脅威となります。アメリカはそれらの諸国との協力を強めねばなりません。

防衛面ではアメリカはすでにインド太平洋ではまず日本との同盟関係を有しています。同時に韓国やオーストラリアとの同盟も強固です。ニュージーランドやフィリピンとの間にも程度はやや異なるとはいえ同盟関係が存在します。

視野をグローバルに広げれば、ヨーロッパでは北大西洋条約機構（ＮＡＴＯ）という集団同盟機構があり、約三十ヵ国もがアメリカと団結しています。これら諸国はアメリカがもし戦闘となれば、ともに戦うことが少なくとも条約上、そして理論的には決まっています。

防衛面でのこうした国際的な絆は中国にはありません。ロシアなど一部の国との防衛面での協力関係こそありますが、同盟とは異なります。

アメリカはこの安全保障面での国際連帯を改めて強固にして集団防衛態勢を増強すべきです。そのためには日本はじめ同盟パートナーの軍事能力も増強を促すことは欠かせません。幸いにもバイデン政権は同盟の絆を含めての国際協調を主要政策として強調しています。

この種の国際連帯は経済面でも積極果敢に進められるべきです。その新たな政策としては世界貿易機関（WTO）を根本的に変えて中国が不当な利益をそこから得るという現状を変えることも含まれます。

中国はこの二十年余り、WTOを通じて、その規則を守らないまま貿易面での利益だけを得ることを続けてきました。

この状況に対してアメリカは他の民主主義諸国と連帯して新たな世界貿易機関の設立までを考えるべきです。その新機関は「民主グローバル化機関」とも名づけられ、これまでのWTOの機能を規則順守の国だけが背負うという発想です。

国際インフラ建設機関の新設もアメリカの主導で検討する価値があります。インフラ建設はアメリカをはじめ個々の国家に欠かせませんが、国際的に開発途上諸国への援助として先進諸国が進める必要もあります。

中国側はこの点で「一帯一路」や「アジア・インフラ投資銀行」を推進しました。この動きを抑えるためにもアメリカ側は世界インフラ建設自由機構とも呼べる新国際連帯網の発足を提唱すべきです。

アメリカの科学技術の発展のためには民主主義諸国からの優秀な人材を登用しなければなりません。アメリカの高等水準の教育や研究の機関には中国以外の外国からの留学生、研究者が依然、多数、きています。

アメリカ側としてはこの人材を同志として迎え、アメリカの科学技術の発展に寄与してもらうという制度を充実させるべきです。民主主義という普遍の価値観を共有できるかどうかがこの国際連帯のカギとなります。

アメリカが中国の無謀で危険な国際行動を抑えるためにとるべき新措置というのはまだまだありますが、とりあえず以上をアメリカへの提言として訴えたいです。

古森義久

日本の対中行動・三つの提言

集団的自衛権の行使の禁忌を解く

さて私は、日本側への提言を述べさせていただきます。日本国への提言などというとおこがましいですが、中国のいまの脅威は日本にとって目前に迫った国難です。とにかくこれまでとは異なる強固な対策をとらない限り、日本の存立が危うくなります。日本にとってのいまの国難になんとか耐え、跳ね返すための新政策をいくつか提起します。

プレストウィッツさんのようにアメリカという国家自体のこれからの長期のあり方を論じるよりも、私の場合、日本がまず目前に切迫した危機への対処として緊急に推進すべき課題をあげることとします。

第一には、日本の防衛を画期的に強化することです。

この日本の防衛強化には大きく分けて、二つの柱があります。一つは日本独自の防衛力の強化、二つ目はアメリカと連帯しての日米同盟の強化です。

日本独自の防衛強化としては尖閣諸島のような局地での中国軍の軍事攻撃に対して抵抗し、撃退できる能力の取得がまず不可欠です。中国と日本との軍事能力の比較となると、もうこれは問題になりません。まず中国は核戦力を保有しています。日本全土を照準内におさめた各種のミサイルが一千基以上もあります。

だから全体の国同士の軍事衝突となると、いまの日本は中国の敵ではありません。しかし中国が日本に対して実際の軍事力の威嚇や行使に出てくる場合、まず尖閣諸島とか南西諸島という局地での攻撃となるでしょう。いまの自衛隊の能力ではこの種の局地戦でも中国軍を撃退できる能力には疑問があります。一つにはこの種の局地戦で最も起きやすいのは尖閣などの海域での海上戦闘です。

しかしその海上戦闘では中国人民解放軍の海軍艦艇は日本の海上自衛隊とくらべてその搭載ミサイルの射程が圧倒的に優れています。日本の自衛隊のミサイルはあまり遠くには届かない。中国海軍の艦艇は自分が攻撃を受ける心配のない海域から日本艦艇にしっかりとミサイルを撃ちこめるのです。だから日本の自衛艦は全滅です。

日本側はあえてミサイルが遠くには届かないようにしているのです。その原因は「専守防衛」策です。日本の防衛は日本の領土と領海を守ることを目的として、その外部から攻撃をかけてくる相手には防衛のための事前の阻止の攻撃も、被害を受けてからの反撃もできないようになっているのです。この愚かな「専守防衛」の原則は一九五〇年に形成されました。その根拠は憲法九条でした。

こうした日本の防衛の根幹の矛盾を正すことが不可欠ですが、当面はとにかく防衛費をGDPの二％以上にすることや、ミサイルその他の兵器に反撃能力を持たせることなど、目前の具体的な目標の達成を目指すべきです。局地戦で中国軍に負けない防衛態勢を築くことです。

二番目は日米同盟の強化ですが、この同盟をより双務的に、より共通項を多く、アメリカへの全面依存ではなく、日本の貢献を増すことが肝要です。ここでどうしても出てくるのは日本がアメリカを守る、有事にアメリカ軍を支援する、という行動は日本の領土、領海内に限られるという異端です。

日本はこの異端を撤廃する時期を迎えたと思います。日米同盟を相互的、双務的、つまりより公正にするためにも憲法改正によって日本の防衛への過剰な自縄自縛を撤去すべきです。いまの日本の自国防衛への異様な自己規制はみな憲法九条の戦争や戦力保持の否定から生じているのですから。

この点、トランプ前大統領は彼なりの表現で批判を述べました。粗雑な言葉でしたが、的を射ていました。

改めて繰り返しますが、トランプ前大統領は在任中に「日米同盟では日本は攻撃を受ければアメリカ側に全面的に守ってもらうのにアメリカが攻撃されても、日本国民はなにもせず、自宅でソニーのテレビでもみていればよいのだ」と語ったのです。

この指摘を日本側は忘れてはならないでしょう。やはり日米同盟をより堅固にするためには日本側が年来の集団的自衛権の行使の禁忌を解くことでしょう。せめて韓国並みに西太平洋でアメリカが攻撃を受ければ、日本の自衛隊もアメリカとともに戦えるという双務性を高めるべきです。安倍晋三首相が採用した平和安保法制は日本の集団的自衛権の例外的な行使を認めていますが、これではまったく不十分です。

日本企業の中国からの撤退は十分に可能

第二は、日本の中国への経済面での依存を減らすことです。

日本は経済面での中国の「切り離し」decouplingはアメリカにとってよりも難しいでしょう。これまでの経済面での相互交流の度合いがきわめて高いからです。しかし選別的、段階的に経済面での中国への依存を減らしていくことはできます。またそれこそが賢い国策となることでしょう。

日本が経済面での中国依存を高めたままでいる場合、危険は多々あります。まず中国側がその日本側の依存を人質にとる可能性です。中国の「経済恫喝外交」はすでに広く知られています。経済とは関係のない安全保障、領土、政治などの対立案件で相手国に圧力をかけるのに経済を利用するという手法です。

尖閣問題での日本側の国有化の措置や領海侵犯の中国船船長の逮捕に対して中国側は自国内の日本の商業、経済施設を破壊しました。中国に駐在する日本企業の代表を逮捕しました。それまで日本に輸出していたレアメタルを禁輸しました。いずれも本来、経済とはなんの関係もない案件で経済を脅しの手段に使うわけです。

中国側はあるいは日本政府への強い不満や要求がある際には日本側の中国への投資や貿易という領域でもっと過激な手段をとることも可能です。企業の閉鎖とか広範な禁輸とか、です。

日本側が中国との貿易や投資をこれまでのように高い水準で保っていくことは中国への利益となります。その中国は基本的に敵対的な政策を日本に対して保っているのです。敵を強くする経済関与は自分の首を絞めるようなものです。

こうした中国依存減らしには日本政府がその奨励のための措置をとることが効果を発揮します。以前に日本政府は日本企業に対して中国での活動を止めて、他の国に移動する際には特別の補助金を出すという措置をとりました。この措置はワシントンでも好評でした。「対中切り離し」のためのささやかな手段でした。

中国にすでに進出した日本企業のなかには利益があがらないとか、公正な経済活動ができないという理由で撤退を求めているところも多数あります。ところが日本企業がいざ撤退となると、中国当局がさまざまな形で妨害する事例が多いのです。

私はこの実態について中国からの撤退の方法を専門に助言するコンサルタント会社を経営する知人から聞きました。この会社はとても繁盛しているそうです。それだけ中国離脱を望む日本企業が実際には多いということです。

日本側ではよく「中国との経済取引がなければ、日本は生きていけない」というような言葉を述べる人たちがいます。同時に「中国の隣から引っ越すわけにはいかないから、仲よくすべきだ」という人もいます。いずれも情緒的な、現実をみない言葉だといえます。

世界情勢をみても一国が特定の他の一国と経済関係が緊密であればその絆はもう絶対である、と断じるのは非現実的です。これまでの戦争の実例をみても、経済の取引が大だった国同士が戦いを始めたというケースは珍しくありません。

最近のロシアのウクライナ侵略でロシアとアメリカとの関係が一気に悪化しました。そのアメリカとロシアとの間には緊密とさえいえる経済の絆がありました。その象徴的な例としてロシア国内にはアメリカのマクドナルドのハンバーガー店が合計八百五十軒もありました。

ところがロシアがウクライナに攻めこみ、アメリカがそのロシアの動きを激しく糾弾し、ロシア・アメリカ関係が一気に険悪化しました。その結果、数日後にはこの八百五十ものハンバーガー店がみな消えてしまったというのです。企業レベルでの全面撤退が決められたからでしょう。

そもそも貿易を大に密にすれば中国は国際社会のよき一員になるというアメリカ側のかつての見解がいかに誤っていたか、を想起すべきです。

まして隣国だから友好的でなければならないというのも世界の現実を無視しています。ロシアとウクライナの実例をみてください。インドとパキスタン、イスラエルと隣接のアラブ諸国など、みな隣国だから衝突するという実例ばかりなのです。相手が隣国だからこそ、自国の利益の保護は厳格に、相手の不当な行動にはさらに厳格に対処しなければならないのです。

確かに日本にとっての中国との貿易は大規模です。日本の貿易全体のなかで二〇％以上、一国では最大です。しかしサプライチェーンとつながる日本の対中投資はアメリカなどへの投資よりずっと少なく、日本の全世界への直接投資の四％という比率です。ちなみに日本のアメリカへの投資は日本全体の対外投資のなかでは二五％をも占めています。

要するに日本はいまでも経済面で中国の虜になっているわけではありません。経済面での外国とのつながり全体のなかで中国との絆を減らしいくことは十分に可能なのです。インドとかベトナムなどこれからその絆を増していくべき相手国は多数、存在します。

「中国批判」をタブー視せずに堂々と

第三には、日本が現実的な中国への認識を育てることを提唱します。日本の官民が中国をもっと研究し、議論して、その結果、現実的な対中認識を育てることです。

日本のこれまでの中国に対する認識は旧世代の「一衣帯水」とか「同文同種」という言葉に象徴されるように、ただただ古い両国の交流や文化の共通性を重視するという向きが多かったといえます。その結果、現在の中国の実態をみない、という傾向がありました。

同時に日中戦争での日本軍の行動の負を意識して、いまの中国にも贖罪意識を強く示す傾向もありました。

いずれもいまの中華人民共和国が日本にとってどんな存在なのか、を直視しない傾向でした。そんな傾きを助長したのはいまの中国の実態について公開の場で率直な議論がほとんどないことにもよります。中国を客観的に提起して、議論して、その結果、批判的になると、それは「反中」であり、好ましくないとする傾向です。

アメリカでよくいわれるポリティカル・コレクトネス（政治的正しさ）とでもいいましょうか。日本の場合、中国を客観的に取り上げ、その中国のネガティブな側面を論じて、結果として批判が入ってくることはこの政治的適正さに反する、というような感じなのです。一種のタブーとでもいいましょうか。

その具体例は中国の軍事行動への日本側の反応です。日本の国家安全保障にとって中国の軍事力の実態を知っておくことは致命的な重要性があります。ところがまず国会でその課題に触れることがない。中国の軍事動向が日本の国政の場で論じられることは皆無なのです。

この点はアメリカとくらべると対照的です。アメリカの連邦議会上下両院では中国に関する議論が出ない日はないといえます。また中国の軍事動向については国防総省が毎年、膨大かつ精密な報告書を作成し、議会に送り、一般に公開しています。

しかし日本では民間も中国の軍事の論議はタブーのようになっています。まず日本の民間で中国の軍事力について研究し、その結果を発表するという専門家が見当たりません。

防衛省や自衛隊の情報収集部門にはもちろん中国の軍事動向を常時、追うメカニズムがあるでしょう。ですが一般の国民にも届くという調査や研究ではありません。

中国との経済交流に安全保障という要因をからめて考えるという志向もこれまでの日本にはまったくといってよいほど、ありませんでした。中国側が軍事に利用できる技術や機材を日本が提供することは当然、規制されるべきです。しかし中国の軍事動向への関心や警戒がまったくなければ、そんなことはどうでもよい、というふうになってしまいます。

だからこれからは日本の中国とのかかわりに安全保障という指針を導入することが必要なのです。安全保障面で日本を敵視する相手の実態とはなにかを正確に把握するには、安全保障、つまり軍事というプリズムをも通してその相手を透視することが欠かせないのです。

日本にとって危険な隣の大国に対してまずそのあるがままの姿を知ることが第一です。だがこれまでの日本では、その中国のあるがままの姿を知るという作業がまともにはなされなかったのです。

逆にそうした作業をしようとすることに、「反中」というようなレッテルを貼って、封じこめることが多かったのです。

日本の安全保障という観点からは日本国内での中国側の行動にも新たな監視の目が向けられるべきでしょう。近年、日本に滞在や居住、さらには定住する中国人の数は激増しました。この二年ほど新型コロナウイルスの大感染のために中国からの人間のインバウンドこそ止まりましたが、また再開となってきました。

その結果、中国の国民や企業が日本の土地を買う、企業を買う、住宅を買う。こうした投資活動が果たして日本の安全保障を損なうことがないのか。なにしろ農地や水資源、自衛隊基地周辺の不動産までが中国側に買われてしまうのです。日本の安全保障への影響が考慮されてもよいはずです。

日本における中国人の存在がこれほど大きくなれば、なんらかの法制による警戒や規制が必要な時期がきたと思います。ところが現実にはこの種の切迫した課題が国政の場である国会では、議論されません。

そして一般国民の認識につながる主要メディアでも報じられることがほとんどないのです。このあたりは日本の官民の意識革命が必要です。

日本の官民が中国に関して意識すべきこと、行動するべきこととしては私の頭のなかにはまだまだ多くの懸案が残されています。しかし当面、まず提起したいこととして以上の三点をあげておきます。

エピローグ

長年の中国ウォッチャーから読者へ

古森義久

一九七九年、鄧小平訪米からの幕開け

いままたなぜ中国論なのか。

しかもアメリカ側の官民で長年、国際的な課題と取り組んできた著名な論客のクライド・プレストウィッツさんと私とがなぜいま中国について語りあうのか。

その理由を簡単に申し上げれば、中華人民共和国という国家が、いまやアメリカと日本の両方にとって、さらにまた一段と重大かつ深刻な課題となったからです。切迫した危険をともなう脅威とさえいえるでしょう。

ではこの中国という巨大で危険な課題を二〇二二年秋というこの時期に、なぜプレストウィッツさんと私とがあえて意見交換の対談という形で徹底討論をしようというのか。

まず私たち二人の関係から説明したほうが適切でしょう。私がプレストウィッツさんを初めて知るようになったのはもう四十年ほども前の一九八一年、ロナルド・レーガン氏が大統領になってすぐの時期でした。当時の私は毎日新聞のワシントン駐在特派員でした。

ちょうどその時期に私は毎日新聞社を休職してアメリカの研究機関「カーネギー国際平和財団」に上級研究員として採用されました。そしてその研究機関で日米関係の調査、研究、報告などを専門に始めました。

その日米関係の追求ということから、まずプレストウィッツさんを知るようになりました。なぜなら彼はその当時、新進気鋭のエコノミストとして、さらには日本研究の専門家としてレーガン政権の対日政策形成の中枢に登用されていたからです。

プレストウィッツさんは具体的にはレーガン政権の商務長官の特別補佐官として日米貿易問題に取り組んでいました。そのころのアメリカにとっては日本との経済摩擦、貿易不均衡が国の根幹を揺さぶる重大課題だったのです。プレストウィッツさんはレーガン政権に登用されて、日本問題担当となったのです。

そのころのプレストウィッツさんは日本の経済慣行の手厳しい批判者として日米両国で有名になりました。日本の官民が一体となる方法を「産業政策」と呼び、アメリカ側にはそのような官民一体がないから、日米間の経済競争は日本側が不公正な利点を有している、という批判でした。

そのころはまさか中国という存在がアメリカと日本の両国を激しく突き動かし、揺さぶるようになるなどという状況は夢にも想像できませんでした。しかし二〇二二年の現在、中国こそがその最大の脅威となったのです。しかも中国はアメリカだけでなく日本にとっても最大の脅威となりました。

この間の中華人民共和国という存在のものすごい興隆をプレストウィッツさんはまずはアメリカの政府の中枢から眺めてきたわけです。この長いプロセスでの考察という作業の内容はいまの中国の本質を理解するうえでは、非常に重要です。

一方、私も当時はワシントンで日米関係を考察の主対象としていました。しかし一九七九年一月には当時のアメリカのカーター政権が中華人民共和国と初めて国交を樹立する模様をホワイトハウスの内部で目撃しました。当時の中国側の最高指導者だった鄧小平国家副主席がアメリカの首都に来訪し、ジミー・カーター大統領との間で米中国交樹立の文書に署名したのです。短躯ながらがっしりとした鄧小平氏を目の前にみて、彼の発する迫力というか、カリスマ性というか、人間の強烈な知力、胆力、指導力の複合された異様なほどのパワーを感じさせられました。私は記者としてこの鄧小平のアメリカでの動きに密着を試み、詳しく報道しました。

思えば、この体験が私の中国とのかかわりの幕開けでした。ただしそのころの中国という存在はアメリカにとってあくまでサイドショーでした。

この時期のアメリカにとっての中国という存在はあくまで二義的、副次的でした。正面から対決する相手のソ連に対して敵対的な態度をとるようになった中国を味方につければ、ソ連とのせめぎあいでも、いくらかは有利になる、という計算が当時のアメリカの中国観だったといえるでしょう。

ところがアメリカにとって最大の敵であり、脅威だったソ連の共産党政権は一九九一年に完全に崩壊しました。一方、中国は少しずつ、少しずつ力をつけていきました。

やがて新聞記者としての私は一九九七年七月の香港の中国返還の大ドラマを現地で取材し、報道しました。この体験は私にとって中国圏、中華圏での最初の取材でした。

この間、私自身は毎日新聞社を退社して、産経新聞の記者となりました。しかし仕事の内容はあまり変わらず、アメリカやイギリスに駐在しての特派員生活が続きました。

私にとってさらに重大な中国体験が始まりました。産経新聞の中国総局長として北京に駐在するようになったのです。一九九八年秋からでした。それから二〇〇一年までの二年余りの中国での居住、生活、そして報道という体験によって私のそれまでの中国観は根底から変わったといえるでしょう。

簡単にいってしまえば、中華人民共和国が対外的、国際的に目指す方向はアメリカや日本との正面衝突が避けられないのではないか、という認識を抱くにいたったのです。

世界のなかの中国というのは、それまでと根本から異なる異端の、しかも脅威含みの特別な存在になっていくだろう、という実感でもありました。

とくに私自身は日本国民ですから当然、その中国の動きが日本にどんな悪影響を与えるのかという課題を追求することになります。

私は北京に駐在していた二年余りの期間は文字通りフルタイムで中国の動きを追っていました。それが記者としての任務だったから当然のことです。中国共産党政権の国民の独裁コントロール、少数民族の支配、管理、国家資本主義ともいえる経済政策、さらには一般国民の生活ぶり、その社会観、価値観など、中国内部の状況を私なりに考察して、毎日のように記事にしました。同時に中国の対外戦略、つまり外交や軍事、とくに日本に対する政策、アメリカへの姿勢などにはさらに強く関心を惹かれました。中国がこんご国際的にはどんな国家に、どんな存在になっていくのか、という考察です。

その結果、感じたのは、やはり中国がこれからの世界でアメリカや日本に対しては異なる価値観、世界観での強大な存在になっていく、という展望でした。

私のこの中国に関する探索は二十一世紀に入ってからのこの二十年余りも、一貫して続いてきました。その観測地点は北京からワシントン、そして東京と、一定期間ずつ変わりましたが、その視点の広がりが中国という巨大で複雑な国際モンスターの実像を絞るには有効だったと思います。

私はこの中国観察の過程で旧知のプレストウィッツ氏とまた出会ったのです。二〇一〇年から二二年という長い激動の年月、彼もアメリカ側での有力な中国ウォッチャーの一人になっていたのです。

そして彼も中国に対して切迫した危機感を抱いていることを知りました。その意識には強く共鳴したわけです。だからアメリカと日本、それぞれの立場から中国の世界覇権への野望について語ろう、ということになったのです。

この意見の交換は東京で、またワシントンで、さらにまた東京で、という形で進んでいきました。この間、私が改めてプレストウィッツ氏について痛感したのは、彼がアメリカという祖国を強く愛して、そのアメリカの繁栄や平和を重視し、その安定を崩す動きにはきわめて敏感に、かつ激烈に立ち向かうという基本姿勢でした。

だからこの書でも彼の基本のスタンスは中国がアメリカのこれまでのあり方、こんごの進歩を大きく否定してしまうのではないか、という懸念だろうと感じました。そして彼はアメリカにとってそんな不吉な事態の到来を防ぐにはどうすればよいのか、という提案をも具体的に示していたのです。

クライド・プレストウィッツ

四十年の間に正反対の方向に行った中国

長年の友人である古森義久氏と改めて中国を論じるというこの機会を私はきわめてうれしく思っています。

古森さんと初めて知りあった時は、私はアメリカ政府商務長官の特別補佐官、彼は日本の新聞記者、さらにはアメリカの研究機関での研究員でした。そのころ日米貿易摩擦という当時の切迫した重大課題をめぐって、私はアメリカ政府の政策を立案し、執行する立場、彼はその種のアメリカ側の動きを日本に向けて報じる立場でした。

だから古森さんと私は立場の異なりから意見を衝突させることもありました。しかし共通点をも見いだし、彼の人間的側面も私なりに認識するようになりました。

私は当時も現在もアメリカ合衆国の国民として自分の国を愛し、誇りに感じています。アメリカという国、その国民の福祉や繁栄、そして幸福ということを自然に気にかけています。いまここで中国について総合的に論じることも、実はそのアメリカという国のあり方に関連しています。簡単に述べれば、中国がいまのような形で影響力を強めていけば、アメリカが傷つき、国としても大きな損失をこうむるだろう、という懸念を深刻に感じています。

この点では古森さんの姿勢も似ていると思います。私は以前から彼が日本を愛し、日本の国や国民がよりよい状態になることを願う祖国愛のような心情を報道や研究の仕事の根底でも保っていると感じてきました。さらに単に日本を想うだけでなく、国際的な視野と現実的な認識を保ち、民主主義や人権尊重、言論の自由、法の支配というような普遍的な価値観をも重視する姿勢も感知してきました。

だからいま私たち二人が中華人民共和国という巨大、強大な存在の国家について幅広く論考するのも、おたがいにアメリカのため、日本のため、という基本のスタンスを共有しているのだと思います。ただもちろんそれだけではなく、その背後には世界全体への中国の意味というグローバルな視点からの中国の検証という目的も含まれています。

私は古森さんが記されたように、ワシントンを拠点としてアメリカ連邦政府の職務を辞めた後は経済戦略研究所という民間研究機関を創設しました。当時としてはまだ珍しい経済安全保障という概念や、グローバリゼーションという現象を主題とする研究、調査のシンクタンクです。この研究所の活動のプロセスではやがて中国の存在が着実に大きくなりました。しかもアメリカ側が当初に抱いていた期待とはまったく異なる方向へ中国は驀進していったのです。

中国はやがてはアメリカにとってきわめて危険な存在になるのではないか、という警戒が強くなったのです。アメリカもトランプ政権になって、二〇一七年ごろから中国を懸念や警戒の対象としてはっきり特徴づけるようになりました。

こうした大きな潮流のなかの中国への新たな認識という点で、また古森さんと意見を交換することが増えて、共通の意識が多いことを発見しました。彼も中国の膨張に対して同様の懸念や警戒を抱いていることがわかったからです。

アメリカは中国への認識では大きなまちがいを犯しました。関与を続けていけば、中国はアメリカが望むような国になるという考え方がまったくの的外れであることが判明しました。私自身もそのまちがいを犯した一員だといえるでしょう。

一九八二年秋に私は時のレーガン政権の商務次官補として北京を訪れました。

アメリカの最初の中国への経済貿易使節団でした。レーガン政権ではジョージ・H・W・ブッシュ副大統領がその以前に中国駐在代表を務めた経歴もあり、政権全体で中国との良好な経済関係を築くことに熱心でした。

アメリカの政府専用機のエアーフォース二号に乗り、北京空港に着きました。そのときの驚きはいまでも忘れられません。空港と呼ぶのは誇張と思えるほど、お粗末な施設だったのです。滑走路は一本だけ、空港の施設としては農家の納屋のような小さくて汚れた建物が一つ、ぽつんと立っているだけでした。

北京市内までの乗用車は中国側が用意したソ連製のジルというリムジンでした。車内の座席は文字どおり木製でした。空港から北京市の中央までの街路に自動車は皆無でした。当時の中国にはまだ自動車がほとんどなかったのです。見渡す限り、あるのは自転車の洪水のような流れだけだったのです。

目に入る建物もせいぜい五階建てが一番、高いという風景でした。ほぼすべての市民が自転車に乗って移動していました。その服装もいわゆる毛沢東服、黒っぽい制服のような衣装でした。

国際水準での国家経済というのは存在しなかった。中国の経済は政府による計画経済で、生産活動の大部分は国有企業が担っていました。外国企業の中国への参入も皆無でした。ただしそのシステムの効率を高めようという改革、開放の動きは始まってはいたのです。そしてそのために中国側はアメリカの支援を切望していました。アメリカ側もその要望にできるだけ応じようというのが官民両方での態度でした。なにしろ一九八二年といえば、東西冷戦の険悪な時代で、アメリカにとっての最大の脅威、最大の懸念はソビエト連邦の軍事がらみの攻勢でした。

そのソ連が中国とも敵対関係にあった。アメリカとしてはその中国を支援して、より強く豊かにすれば、ソ連への牽制となります。同時に中国が経済的に豊かになれば、共産党の独裁も弱まるだろう、という期待もありました。中国がアメリカ主導の国際秩序に正常な一員として入ってくるだろう、という期待も同時にあったわけです。これがアメリカ政府による中国に対しての関与政策となっていったわけです。

私もこの関与政策を正しいと信じていたことは率直に告白しなければなりません。しかしその後にその政策がまちがっていたことを何回も何回も認めざるをえなくなりました。

なぜ私がこんな古い話をしたのか。それはやはり中国という国家のあり方、そしてアメリカの対中政策の変転を立体的、多角的に解説したかったから、という理由によります。

四十年前の北京をこの目でみてきた人間が二〇二二年という現時点でその同じ首都、同じ国家を観察し続けるというのは、ある意味、価値があるかもしれません。

この点は古森さんもまったく同じでしょう。中国に対する長期間の一貫した観察、考察です。この本の特徴はそこにもあるといえます。

とにかく中国はこの四十年の間にアメリカが期待したのとは正反対の方向へ躍進していった。アメリカと競い、挑み、壊そうとまでする危険な動きをみせてきたのです。だから当然、アメリカ側の中国に対する思考も政策も変わらざるをえない。

私は中国のこうした動きを自己反省も含めて論文や著書、メディアでの発言という形で伝え、アメリカの官民の警戒を促してきました。そしてそのプロセスで古森さんと意見を交換する機会が多数あり、彼も私と同様の警戒や懸念を中国のあり方に対して抱いていることを確認しました。

私の現代中国論としては二〇二一年に出版した『逆転する世界』という書が最新の集大成だといえます。この書には「アメリカ、中国、そして世界の指導権への闘争」という副題をつけました。その意味はこのままだと中国がアメリカを退けて世界の指導権、主導権を握ることになるぞ、という警告でした。

古森さんもこの認識に同意してくれて、では二人の考察を合わせてアメリカ、日本の両方の視点からの中国論をまとめようということになったわけです。

［著者略歴］
クライド・プレストウィッツ
1941年米国デラウェア州生まれ。スワスモア大学卒業、ハワイ大学東西センターで修士課程（極東アジア地域・経済学専攻）修了、ペンシルベニア大学ウォートン校で経営修士課程修了。その間、慶應義塾大学にも留学。初めて来日したのは1965年、それ以降1970年代にも再度外資系企業役員として日本に滞在する。国務省勤務、民間企業勤務などを経て、レーガン政権で商務長官特別補佐官などを務め、日米貿易交渉をはじめ中国、ヨーロッパ諸国との貿易交渉にあたる。現在、経済戦略研究所所長。太平洋経済委員会の副議長や、上院議員時代のヒラリー・クリントン氏の貿易・通商アドバイザーも務めた実績がある。著書にベストセラー『日米逆転』（ダイヤモンド社）、『ならずもの国家アメリカ』（講談社）、『東西逆転』（日本放送出版協会）などがある。

古森義久（こもり・よしひさ）
産経新聞ワシントン駐在客員特派員。麗澤大学特別教授。

1941年東京都生まれ。慶應義塾大学経済学部卒。米国ワシントン大学留学。毎日新聞社会部記者、サイゴン、ワシントン特派員、政治部編集委員を歴任。87年に産経新聞に移り、ロンドン、ワシントン支局長、初代中国総局長、ワシントン駐在編集特別委員兼論説委員を歴任。ベトナム報道でボーン・上田記念国際記者賞、「ライシャワー核持ち込み発言」報道で日本新聞協会賞、東西冷戦終結報道で日本記者クラブ賞、『ベトナム報道1300日』（講談社）で講談社ノンフィクション賞などを受賞。主な著書に、『ODA幻想』（海竜社）、『モンスターと化した韓国の奈落』『米中激突と日本』『アメリカの悲劇』（以上、ビジネス社）など多数。

米中開戦前夜

2023年1月1日　第1刷発行

著　者　クライド・プレストウィッツ　古森義久
発行者　唐津 隆
発行所　株式会社ビジネス社
〒162-0805　東京都新宿区矢来町114番地 神楽坂高橋ビル5階
電話　03(5227)1602　FAX　03(5227)1603
https://www.business-sha.co.jp

〈装幀〉中村聡
〈本文組版〉有限会社メディアネット
〈印刷・製本〉大日本印刷株式会社
〈営業担当〉山口健志
〈編集担当〉中澤直樹

ISBN978-4-8284-2474-3